JN232057

どんな場面でも使える！
「大人の言葉づかい」大全

気のきいたモノの言い方ができる本

中川路 亜紀
Nakakawaji Aki

ダイヤモンド社

気のきいたモノの言い方を身につけよう

「大事な場面でとっさの言葉が思い浮かばない」
「失礼じゃなく、大げさじゃない、ちょうどいい言い回しがわからない」
「スマートな大人のセリフを、さらりと言えるようになりたい」

そんなふうに感じているあなたは、「語彙力不足」かもしれません。

語彙力は重要なコミュニケーションスキルです。ちょっとした局面で、シチュエーションや自分の身の丈にあった表現がうまく繰り出せる、そんな**「モノの言い方」**があなたの人間関係をスムーズで豊かなものにするのです。「平易な言葉を状況に合わせてつかいこなす」「少し背伸びした言葉を的確に決める」――本書は、そんな柔軟な表現力を身につけられる本です。

もう言葉のやりとりで苦労しない

本書では、よくある「困る場面」「もっと言いたい場面」ごとに、気のきいた言い回し＋類似表現が豊富に挙げられています。迷うポイントでは、本来の語義や現在のつかわれ方、類語とのつかい分けにもふれて、「どんなときに、どうつかうか」がわかるように解説しました。

ウォーミングアップ　日常語を言い換える
日常語を、仕事や大人のおつきあいでもつかえる言葉に言い換えるとしたら？

第1章　顔を合わすとき、電話で話すとき
ちょっとした声のかけ方、ほどよくていねいな話し方をするためには？

第2章　言いにくいとき、言葉につまるとき
特別な気持ちをこめたい場面、相手への気のつかい方が難しい場面での伝え方は？

第3章　仕事を進めるとき
仕事をさくさく進めるために必要な、的確で失礼のない言い回しとは？

第4章　そのまま使える！季節感を表現する言い回し
季節感を添えたいときの四季のフレーズを集めました。

第5章　これだけはおさえたい！つかえる敬語一覧

どのページにもすぐにつかえるフレーズがあふれていて、関連の表現を次々にたどっていけます。さあ本書で、言葉の蘊蓄（うんちく）を楽しみながら、**たくさんの「気のきいたモノの言い方」にふれる旅に出ましょう。**

[ウォーミングアップ] 日常語を言い換える

[第1章] 顔を合わすとき、電話で話すとき

[第2章] 言いにくいとき、言葉につまるとき

[第3章] 仕事を進めるとき

［第4章］そのまま使える！季節感を表現する言い回し

［第5章］これだけはおさえたい！つかえる敬語一覧

ウォーミングアップ

日常語を言い換える

マジで？

上司から「いや、この間、財布落としちゃってね」と言われて、「マジで？」と返す人はいませんね。なんと言ったらいいのでしょう。同じ感覚でつかえるのは、

そうなんですか？

でしょうか。これなら、上司も話が続けやすいはずです。

「マジ」とは、「真面目」「本気」「冗談ではなく」という意味ですので、「マジで？」を直訳すると、

本当ですか。

になります。この「本当ですか」を相づち代わりにする人もいて、失礼だという意見もありますが、言い方にもよるでしょう。よい話に喜んで「本当ですか！」と言うのは、失礼には聞こえません。悪い話のときは「残念です」「悔しいですね」でもよいでしょう。何を言っても「本当ですか」の連発で返されると違和感があります。相づちなら「そうなんですね」「はい」でも

いいはずです。

取引先などとのメールで「マジで？」と言いたくなるようなエピソードを聞かされてしまったときは、

お聞きして驚きました。

そんなことがあるとは、思いも寄りませんでした。

もしも、とんでもない不運や不幸の知らせだったら、

たいへんでしたね。

お辛いですね。

あまりのことに言葉もありません。

と受けて、一緒に悲しむ気持ちを伝えてもよいと思います。

日常語を言い換える 2

なんか微妙

うまく言えないけど、十分とは言えないようなものを「どう？」と聞かれると、「びみょー」と言いたくなります。仕事の場面では、どう言ったらいいのでしょう。

迷いますね。

決めかねます。

相手の意見を尊重したいが、相手も決めかねている様子のときは、ひとまずこんな言葉で返してみるのもよいと思います。

自分が賛成ではないことを伝える必要があるときは、

今ひとつ気乗りがしません。

私としては、気が進みません。

あと一歩インパクトが足りないように思います。

決め手に欠けると思います。

どこかしら物足りないように思います。

などの言い方もできます。そのあと、どう修正すべきなのかを話し合っているうちに、何が微妙だったのかがはっきりすることもあります。

上司からあまり美味しくないレストランのことを「どう？」と聞かれたときなどは、「びみょー」ではなく、

私としてはあまりお薦めしません。

とはっきり教えてあげましょう。

日常語を言い換える 3

あの〜

知らない人やお客様に声をかけたり呼び止めたりしたいとき、「あの〜」モゴモゴ…となってしまう人はいませんか。どんな言葉をかけたらいいのでしょう。

たとえば「落とされませんでしたか？」「席をお間違えではありませんか？」など、「こちらが勘違いなら失礼ですが」という気持ちで声をかけるときは、

- **失礼ですが…**
- **ごめんなさい。**

振り向いてほしいときは、はっきり声をかけましょう。

- **失礼します！**
- **すみません。**
- **もしもし。**

「もしもし」は電話でなくても呼びかけにつかってよい言葉です。

お客様！

社内・店内で知らない人を呼び止めたいときは、とりあえずこの言葉が便利です。出口を間違えていたら「そちらではございません」、忘れ物をしていたら「こちらをお忘れです」と言ってみましょう。

少しよろしいですか？

相手に話を聞いてほしいときは、こんなふうに声をかけます。向き直ってくれたら、「申し訳ありません」「ありがとうございます」など礼を言って切り出します。

ちょっとだけ

会議の席で「5月の業績は昨年をちょっとだけ下回りました」というのも、間違いではありませんが、

- **若干**
- **わずかに**
- **わずかばかり**

と言い換えたほうが、会議での発言らしくなります。

- **微々たるもの**

「確かに損失もありましたが、微々たるものです」のようにつかいます。

打合せやメールで、「このくらいでどうですか?」と聞かれて、「もうちょっと」と思ったときは、

あと少し
もう一歩

をつかうのもよいでしょう。「あと少し乗せていただけると助かります」「もう一歩踏み込んでもよいと思います」など。

些少ではございますが

「些少（さしょう）ではございますが」は、「報酬や謝礼が相手に不相応な少ない金額で申し訳ないのですが」という気持ちをこめて金額を提示したり支払いをしたりするときにつかいます。「些少（さしょう）ではございますが、ご謝礼をお支払いしたいと思いますので、お振込み先をお教えください」など。

すみません

「すみません」は、お詫び、感謝、ちょっとした呼びかけなど、オールマイティな言葉としてつかわれています。「すいません」と言う人もいますが、オリジナルは「すみません」です。「済まない」（つまり物事が解決していない、気持ちがすまない）が語源です。

直属の上司や先輩など、身近な人から叱られたときは、「すみません」でもかまいませんが、少し距離がある人にかしこまって謝りたい場合や、犯したミスが重大な場合は、

申し訳ありません！
申し訳ございません！
失礼を致しました！

ときっぱり謝罪します。語尾までしっかり声に出すこと。

相手の前をさえぎったり体がふれてしまうようなときは、「すみません」よりも、

失礼します。

と言ったほうが、礼儀正しい感じになります。

何かもらったり親切にしてもらったりしたときも「すみません」と言いがちですが、お礼の「すみません」はとても軽いニュアンス。しかるべき相手には、

ありがとうございます。

とはっきりお礼を言ったほうが、言われたほうは気持ちよいと思います。「すみません」に逃げない習慣をつくりましょう。

すごく

「すご〇〇」の造語もふえているし、「すごい」「すごく」は何にでも言えて連発しがちな言葉。でも、形容詞が全部「すごい」になってしまうと、「ボキャ貧」感を否めません。プレゼンで話すなら、こんな言葉もつかってみましょう。

- 著しく
- 桁(けた)外れの
- 尋常(じんじょう)ではなく
- 抜群の
- 抜きん出て
- 並外れて
- 素晴らしい

目上の人の言動をほめたいときも「すごいです！」ではなく、

- 心に響きました。
- とても真似ができません。
- プロ顔負けですね。

「すごくお世話になっています」と手紙やメールで言いたいときは、

- ひとかたならぬ
- 並々ならぬ
- 格別の

などに「お引き立てを賜り」「ご厚情を賜り」「お力添えをいただき」などをつなぎ、「誠にありがとうございます」とお礼を書きます（226ページ参照）。

やばいです

「やばい」はもともと「危うい」という意味で、罪になりそうな不正なものを形容する言葉でしたが、今では、「この出来はやばいです！」など、最上級のほめ言葉としてもつかわれます。悪い意味もありますので、目上の人の前では、ちゃんとほめたほうがいいでしょう。

- 素晴らしいです。
- 感動致しました。
- 初めて見ました。
- 緻密ですね。
- よくつくられていますね。
- 目を疑いました。
- 際立っていると思います。
- 失礼ながら、これまで私が拝見した中でこれ以上のものはありませんでした。

目上の人をほめるとき他と比べるのは失礼に当たりますが、最後の例のように「失礼ですが」などを頭につけて最高の賛辞をつなげると悪くない感じになります。

一方、悪い意味では「それってやばくない？」などと言いますが、これも、目上の人の前ではどうかと思います。こんな言い方ではどうでしょう。

- まずいですね。
- 危ういですね。
- ご心配ですね。
- 困ったことにならなければいいのですが。
- 危険だと思います。
- できれば回避したい問題だと思います。

日常語を言い換える 8

なるほどですね

「なるほどですね」はよく聞きますが、よく考えたら奇妙な言葉です。「なるほど、そうなんですね」が縮まったと思われますが、連発するとせっかちな感じになります。言い換えるとすると、

なるほど、そうなんですね。
納得しました。
知りませんでした。
同感です。
私もそう思います。
おっしゃるとおりです。

相づち代わりにしている人もいますが、相づちなら素直に、

はい。

と言ってもよいでしょう。

メッセージなどのやりとりで、返事に「なるほど」と書く人がふえてきて、賛否があります。気をつかう大御所やお偉方を相手に「なるほど」は確かに生意気ですが、仕事で頻繁にやりとりしている担当者同士、身近な上司が相手なら、そんなに神経質になる必要はありません。

気になる人は、

「なるほど、いい考えですね」
「なるほど、そういう見方もできますね」
「なるほど、納得できました」

などと、後ろに言葉をつなげるとよいでしょう。

日常語を言い換える 9

みたいな？

「もうこれ以上は無理！　みたいな？」と語尾を上げて、共感を求める言い方をよく耳にします。うまい表現ですが、友だちにしかつかえませんね。しゃきっとしたいときは、もう少し状況を言語化する努力をするとよいと思います。

たとえば、冒頭のセリフのように困った状況を伝えたいとき、どんな言い方があるでしょうか。

つい……と言いたくなってしまいました。

というような状況になりまして、困ってしまいました。

という気持ちになってしまい、続けることができませんでした。

「それ違うよ、みたいな？」というように、自分の意見を柔らかく伝えたいときはどうでしょう。

- **のように私には思われました。**
- **と言うべき状況でした。**
- **私としては……のように感じております。**
- **というつもりでおりました。**

そもそも「……みたいな」は、類似、推測、例示であることを示す言葉です。「犬みたいな食べ方」「病気みたいな顔色」「鈴木くんみたいな秀才もいる」など。これも、

- **のような**
- **といった**

などに置き換えることができます。

そんな感じです

「風邪は治ったの？」

「熱が下がって、咳がまだ出るみたいな、まあそんな感じです」

「この案はどう思う？」

「悪くないですけど、絶対にやったほうがいいとも思えない、そんな感じです」

「そんな感じです」は説明を省略するときや、意見を断定的にしたくないときによくつかわれていますが、時と場合によっては、いい加減な態度、無責任な意見と思われてしまうことがあるので、注意が必要です。

言い換えるとすると、

- ……というような状態です。
- おおむね……というような感じだと思います。
- ざっくり言うと、……ということになります。
- 私としては、……というように感じました。
- あくまでも私の感想ですが、……と思いました。

などが考えられます。

相手が言ったことに同意するときに、「そんな感じです！」と答える人もいます。笑顔でそう応じるのは相手への信頼感が表れていて失礼ではありません。でも、少しかしこまって答えたいときは、次のように言い換えてもいいでしょう。

- **おっしゃるとおりです。**
- **まったく同感です。**
- **私もそう思いました。**
- **まさに、的確な表現だと思います。**

日常語を言い換える 11

お疲れ

仕事を終えて「お疲れ！」と同僚や部下に声をかけて帰るのは自然です。相手が、上司や目上の人であれば、

お疲れさまです。
お疲れさまでございました。

となるでしょう。

これに対して、「ご苦労さま」は「です」をつけても、目上の人にはつかいません。「ご苦労さま」は自分のために何かしてくれた相手にかけるねぎらいの言葉だからです。

実は「お疲れさまです」も、ねぎらいの言葉だから目上の人に言うのは失礼という意見があります。それは少し考えすぎですが、シチュエーションによっては、別の言葉を選んだほうがよい場合もあります。

たとえば、講師が研修を終えて壇上から降りてきたとき、研修を依頼した側の担当者が「お疲れさま」と言うのは奇妙です。あなたが失敗して上司が

残業して後始末をしてくれたときも「お疲れさま」と言ったら変ですね。これらは、目上の人が自分のために骨を折ってくれた場面であり、そういうときは、「お疲れさま」よりも「ありがとうございます」と感謝の気持ちをまず表すべきだからです。

メール・手紙用も含めて、言い換えられる言葉をまとめると、

- ありがとうございます。
- 長時間にわたり、ありがとうございました。
- このたびはたいへんご負担をおかけ致しました。
- いろいろとお骨折りをいただき、心から感謝申し上げます。

大丈夫です

「コーヒーもう一杯どう？」
「大丈夫です」

こう答えられて「いるの？　いらないの？」と戸惑う中高年は多いはず。「大丈夫」はもともと危険や心配がない状態を表す言葉でしたが、いつの間にか「いりません」という意味でもつかわれるようになりました。飲食店で「お水は大丈夫ですか？（足りていますか？）」と聞かれ、「大丈夫です」と答えたあたりが発生源とも言われています。

この言葉は意味のとり方に世代間でギャップがあるので、次のような場合は、誤解を避けるために言い換えたほうがよいでしょう。

食べ物や飲み物を勧められて断るときは、

- 結構です。
- どうぞお気づかいなく。
- たくさんいただいて、お腹がいっぱいになりました。
- ごちそうさまでした。

勧めや誘いを断りたいときも、先に挙げた「結構です」がオールマイティですが、ていねいに言うなら、まず誘ってくれたことに「ありがとうございます」と礼を言い、

今は間に合っております。

あいにく今晩は予定がありまして。

と続けるとよいでしょう。

ネットでは、なぜか「大丈夫」という言葉そのものをつかってはいけないと書いている記事がありますが、そんなことはありません。ただ、断りや辞退の意味でつかうと、上の世代には理解不能である場合が多いことに注意が必要です。

もともとの意味、つまり、危険がない、心配がないという意味でつかう場合も、次のような言葉をつかうことで、メリハリがつけられます。

- 問題ありません。
- 順調です。
- ご安心ください。
- 差し支えありません。

最後の「差し支えありません」は、たとえば「他の方にお見せしてもよろしいでしょうか」と聞かれたときの答え方です。このとき「大丈夫です」と答えてしまうと、見せていいのか悪いのかがわからなくなってしまいます。

第1章

顔を合わすとき、電話で話すとき

訪問する

1

お時間をいただきまして、ありがとうございます

アポイントをとり、訪問し、打合せをする。基本的な流れはマスターできていても、訪問したときのちょっとしたモノの言い方に難しさを感じることは多いものです。

まず、オフィスや応接室などに招き入れられたとき、入室時に、

失礼します。

と言うとメリハリがつきます。会議室で、中に人がいなくても言ってもかまいません。おまじないのようなものです。

お邪魔します。

お時間をいただく

押しかける
失礼する

訪問する
訪問を受ける
贈答のやりとり
話の輪への出入り
紹介する／される
電話の受け答え
人前で話す
飲食の席
詫びる
お断りする
招く／招かれる
謙遜する
決意表明
ほめる／ほめられる
祝う
お悔やみ
お見舞い
お願いする
確認
引き受ける
お礼

は、どちらかというと個人宅を訪問する際の挨拶ですが、小さなオフィスで、他の人と目が合うような場所に入るときに適しています。

相手と向き合ったら、挨拶をします。洋室では座る前にします。

本日はお時間をいただきまして、ありがとうございます。

お忙しいところ、お時間をさいていただき、ありがとうございます。

相手1人に3人以上で訪問するようなときは、

おおぜいで押しかけまして、申し訳ありません。

と言うと、格好がつきます。

招かれて訪問した場合は、

本日はお招きをいただき、ありがとうございます。

という挨拶になります。

どうぞお気づかいなく

訪問客にはお茶が出されることが多いのですが、ときに「コーヒーと紅茶とどちらがよろしいですか?」などと聞かれることがあります。そんなときは、

どうぞお気づかいなく。

どうぞおかまいなく。

といったん遠慮するのが一般的なマナーになっています。それでも聞かれたら、

それではコーヒーをいただきます。

お気づかいなく　おかまいなく　いただきます

と遠慮なく希望を言いましょう。「コーヒーでいいです」と言うと、コーヒーが劣るように聞こえて失礼です。
飲み物を出してもらったら、

ありがとうございます。

恐れ入ります。

相手が勧めるまでは出されたお茶に手をつけないのがマナーとされますが、相手が忘れているようであれば、冷めないうちに、

いただきます。

と言って口をつけます。タイミングが相手の話の最中にならないように気をつけて。

ごちそうさまでした。

も、席を立つ前に忘れずに。

資料をお持ちしました

打合せのための訪問の場合、挨拶のあと少し雑談をはさむことが多いのですが、頃合いを見計らって次のように本題を切り出します。

本日まいりましたのは、
お電話で少しご説明致しましたが、
メールでお願いした件なのですが、

相手にその後の予定があることがわかっているときは、話し合いが本格化する前に、

お持ちする　持参する　拝見する

ご覧に入れる

訪問する
訪問を受ける
贈答のやりとり
話の輪への出入り
紹介する／される
電話の受け答え
人前で話す
飲食の席
詫びる
お断りする
招く／招かれる
議論する
決意表明
ほめる／ほめられる
祝う
お悔やみ
お見舞い
お願いする
確認
引き受ける
お礼

今日は、何時まで大丈夫でしょうか。

などと時間を確認しておいたほうがよいでしょう。

資料等を見てもらって説明したいときは、

資料をお持ちしました。

見本を持参しました。

見積もりをご用意しました。

資料をつくってまいりましたので、ご覧いただきたいのですが。

ご覧に入れたいものがございます。

などの言葉を添えて、提示します。逆に相手から資料が出てきたときは、

ありがとうございます。拝見します。

などと言うとメリハリがつきます。

訪問する

4 すっかり長居をしてしまいました

訪問しての打合せ時間は、何も申し合わせていなければ1時間以内というのが常識です。アポイントをもらうときに「30分だけお時間をいただきたい」とお願いした場合は、30分以内でおさめるようにします。

話の途中でふと時計を見たら切り上げる時間だったというときは、

お時間は大丈夫でしょうか。

つい時間を忘れておりました。ご予定は大丈夫ですか。

などの言葉で、相手の都合を確かめます。このとき、「大丈夫です」と言われても、

時間を忘れる長居 お暇（いとま）

あと10分ほどよろしいでしょうか。

と聞くなど、時間を区切ったほうがよいでしょう。「大丈夫」と言ってくれたからと、ズルズル長居をするのは禁物です。

逆に、そろそろ出なくてはならないのに相手の話が終わらないときは、話の腰を折る形にならないように、タイミングよく帰る旨を告げます。たとえば、相手の話への相づちにつなげて、「そんなこともあるのですねえ。勉強になります。……あ、もうこんな時間ですね」と気づいて、

そろそろ失礼致します。

すっかり長居をしてしまいました。

そろそろお暇（いとま）致します。

と切り上げます。「暇」は「別れ」という意味です。「休み」という意味もあり、「お暇をいただく」とは雇われている者が休みをもらうときに言います。

訪問する

5

また ご連絡します

面談を終え、立ち上がったら、改めて、

今日はお時間をいただき、ありがとうございました。

とお礼を言うと、礼儀正しくなります。話し合った内容によっては「今日はたいへん勉強になりました」「具体的におうかがいできて、安心しました」なども。

相手が見送ろうとしてくれるのが申し訳ないという場面は、恐縮しながら、

ここで結構です。

どうぞ。お忙しいでしょうから。

ここで結構です
例の件
ではまた

と言ってみます。「どうぞ」は、「どうぞお戻りください」という意味です。それでも相手が送ってくれるという場合は、遠慮なく送ってもらいましょう。

エレベーターに乗り込んだり、外に出たりするときの別れ際は、

- **では失礼します。**
- **ではまた。**
- **ありがとうございました。**
- **またご連絡します。**
- **来週よろしくお願いします。**
- **例の件、お待ちしておりますので。**

などなど。シチュエーションに合わせた言葉を選びます。依頼ごとで訪問した場合などは、最後の2つのような短い言葉で念押し・リマインドをしておくのも、メリハリがついてよいと思います。

お呼び立て致しまして

訪問は、メールや電話よりも礼を尽くしたコミュニケーションの取り方です。来てもらった側は、感謝や恐縮の気持ちをもって挨拶をします。

- わざわざおいでいただきまして、
- 遠いところをお越しいただきまして、
- ご足労いただきまして、
- お呼び立て致しまして、

これらのフレーズに「ありがとうございます」「恐れ入ります」「恐縮です」「申し

ご足労　わざわざ
お足元　お呼び立て

訳ありません」などを続けると礼儀正しくなります。「わざわざ」という言葉は、「そんなことをしなくても」というニュアンスで言う場合もありますが、ここでは「訪問の労をとってくれてありがたい」という意味になります。

「お呼び立て致しまして」は「申し訳ありません」をつなぎます。「お呼び立て」とは、こちらが相手を呼んで来てもらった状態を表しますが、実際には来ることを強制していなくても、なりゆき上、来てもらうことになってしまった場合なども、恐縮の気持ちからこのように表現します。

「ご足労」は相手に出向いてもらうことを表す敬語です。「ご苦労」と勘違いして、目上の人につかってはいけないという意見がありますが、間違いです。

来訪日が悪天候になってしまったときは、

お足元の悪い中、申し訳ありません。

「足元が悪い」とは、雨などで歩きにくい状態のことです。この場合「おいでいただき」などの言葉が省略されています。その日の天候により、「雨のなか」「雪のなか」「お暑い中」「お寒い中」などもよくつかいます。

どうぞこちらへ

来客の訪問を受けるときは、何かにつけて「どうぞ」と声をかけることになります。

- **どうぞこちらへ。**
- **どうぞ奥へ。**
- **こちらにお掛けください。**
- **お掛けになってお待ちください。**

などの言葉で案内します。「掛ける」は「腰を掛ける」つまり「座る」ことですが、「お座りください」より「お掛けください」のほうがやわらかく上品な表現になりま

こちらへ　粗茶
召し上がる　掛ける

す。応対する担当者が後から来る場合、案内者は「どうぞお掛けになってお待ちください」と声をかけます。相手の持ち物が多いときは、

お荷物はこちらにどうぞ。

などと言葉をかけます。お茶が出されたら、

どうぞ（お召し上がりください）。

と勧めます。マナーを守って声をかけるまでお茶を飲まない人も少なくないので、忘れず声をかけるようにします。

粗茶ですが。

は、以前はお茶を出すときの決まり文句でしたが、最近はあまり言われなくなりました。粗茶とは「粗末なお茶」ということですが、「まずいお茶」という意味ではなく、「あなたのように立派な方にお出しするには質素なお茶ですが」という意味で、日本の伝統的な謙遜の言い回しです。

8 訪問を受ける

すぐにおわかりになりましたか

来客と挨拶をかわしたあと、いきなり本題に入らず、雑談を振って打ちとける時間をつくることがあります。そんなときに、よくつかわれるのが、

道はすぐおわかりになりましたか？
今日は麹町からおいでになったのですか？
弊社までどのくらいかかりましたか？

など、来た道筋などについて尋ねる言葉です。話に出た路線、駅、建物、道中の自然などにからめて話題が広げやすいでしょう。

弊社　ゆっくりする　おいでになる　別件

- ようやく暖かくなりましたね。
- 毎日暑いですね。
- 今日は肌寒いですね。
- 今日は一段と冷えますね。

など、気候の話題も雑談の定番です。時期によっては、

- 夏休みはとられましたか？
- 年末年始はゆっくりされましたか？

と振って、休暇中の話や家族の話に広がれば、距離が一気に縮まるでしょう。

- 先日、別件で鈴木課長とお会いしました。

など、共通の知人の話題から入るのもよいでしょう。

9

訪問を受ける

お引き留めしてしまって、申し訳ありません

来客が長引いて、次の予定が迫ってきたとき、なんと切り出せばよいか困りますね。
そんなときは、どこかで話の主導権をとり、相手の話の腰を折る形にならないよう
に気をつけて、まとめに入ります。

- 今日はたいへん勉強になりました。
- たくさんの論点をいただきましたので、社内でもんでみます。
- あとはメールでやりとりしましょうか。
- だいたいこんなところでしょうか。

お引き留め　ちょっと次が
メールでやりとり　勝手ながら

雑談が長く、自分も話し込んでしまったときは、

お引き留めしてしまって、申し訳ありません。

と長引いたことを自分のせいにします。相手が感じてくれず、その後もだらだらと長引くようなら、「たいへん申し訳ありません」を頭につけて、

ちょっと次がありまして…

このあと3時から会議が入っておりまして…

と切り出すのもやむをえないでしょう。大切なお客様の場合は、延びてもいいように、後ろに予定を入れないでおくことも必要です。

スケジュールがタイトなときは、あらかじめ、次のように話しておきます。

勝手ながら本日は3時から予定がありまして、1時間程度でと思っておりますが…

訪問を受ける

10

どうぞそのままで

用件が終わり、来客が帰り支度をする間は、リラックスできる言葉をかけます。

お忘れ物はありませんか。

雨が上がっているといいのですが。

山田課長によろしくお伝えください。

「課長」などの役職名が名前の後ろにつくと敬称になるので、相手方の上司を「山田課長」と呼んでも失礼にはなりません。

個人宅などでは、来客を送り出すときに、「大した接待もできず申し訳ない」とい

お忘れ物

おかまいする

こちらこそ

う気持ちをこめて、

おかまいもしませんで。

と言ったりします。お茶くらいは出していてもつかえる言葉です。

来客が出された茶碗を片付けようとしたら、

どうぞそのままで。

と制止します。

来客をエレベーターまで送っていくつもりでも、会議室や応接室などの部屋を出る前に、改めて、

今日はどうもありがとうございました。

（相手の感謝の言葉に対して）こちらこそ。

などと挨拶し合うと、メリハリがつきます。

11 コートをお召しになってください

大きなオフィスなどでは、エレベーターに乗るところまで来客を見送る場合も多いでしょう。エレベーターがきたら、

- **それでは、こちらで失礼します。**
- **ではまた。**
- **ありがとうございました。**
- **お気をつけて。**

など、短い挨拶をして別れます。

お召しになる

お気をつけて　こちらで失礼

ちなみに、見送りでは来客がエレベーターに乗り込んだら扉が閉まるまでお辞儀をするというのがマナーになっています。1階の部屋から見送るときは玄関ホールまで送り、「では、こちらで失礼します」と言って別れます。ただし、非常に重要な来客に礼を尽くす場合は、玄関の外まで案内し、車でも徒歩でも相手の姿が見えなくなるまで見送ります。

個人宅や小さなオフィスなどでは、玄関口まで送りますが、寒い日は、

コートをお召しになってください。

寒いですから、どうぞ。

と室内でコートを着るように勧めると親切です。

お気をつけてお帰りください。

は、遠いところからの来客、悪天候での来客には特にかけたい言葉です。

12

皆様でお召し上がりください

訪問先へ手土産を持って行ったとき、どんなふうに切り出せばいいでしょう。最初の挨拶の後、品物を両手で差し出して、こんな言葉を添えます。

心ばかりのものですが、皆様でお召し上がりください。
ささやかなものですが。
ほんの形ばかりのものですが。

季節の挨拶まわりをする会社もあります。年末のご挨拶でお歳暮を持参した場合は、「今年一年お世話になり、ありがとうございました」と挨拶した後、

心ばかりのしるし　ささやかなご笑納

年末のご挨拶のおしるしに持参しました。どうぞお納めください。

などと言います。「お歳暮のおしるし」「お中元のしるし」とも言います。「しるし」には、証拠、気持ちを表した品という意味があります。

送り状では、次のようなていねいな書き言葉をつかいます。

当地自慢の○○をお送り致しましたので、ご賞味いただけましたら幸いです。

お礼のしるしにささやかな品を送らせていただきましたので、ご笑納ください。

「ご笑納ください」とは、「つまらないものですが、笑ってお受け取りください」という謙遜の言葉です。「賞味」は「美味しいものを味わって食べる」という意味。送る側が自分で「美味しい」というのは押しつけがましいという意見も見かけましたが、そんなことはありません。どれも長くつかわれてきた贈答の言葉です。

13 お気に召していただけるとうれしいのですが

食べ物を贈るときは、相手の好みも気になるものです。

お気に召していただけるとうれしいのですが。

お口に合いますかどうか。

「口に合う」とは、味の好みが合うこと。送り状（手紙、メール）では「お口に合いましたら幸いです」と書きます。「お気に召す」は「気に入る」の尊敬語です。

お好きだとお聞きしたもので。

お気に召す　おすそわけ
旬　お口に合う

近くのお店なのですが、美味しいと評判ですので、お試しください。

ちょうど旬の味ですので、よろしければご家族でお楽しみください。

ほんのお口汚しですが。

「口汚し」とは、飲食物の量が少ないことを表し、相手に飲食物を勧めるときの謙遜の言葉です。菓子などの手土産を「お口汚しにいかがかと思いまして」と差し出したりします。

ちょっとした「おすそわけ」のときは、

ほんの少しで失礼ですが、よろしければお召し上がりください。

食べ切れないので、おすそわけさせてください。

田舎からの到来物で失礼ですが、よろしかったらどうぞ。

「おすそわけ」は、もらい物の一部を人に分けること。縁起をかついで「お福分け」ということもあります。「到来物」も、よそからきたいただき物のことです。

訪問する
訪問を受ける
贈答のやりとり
話の輪への出入り
紹介する／される
電話の受け答え
人前で話す
飲食の席
詫びる
お断りする
招く／招かれる
議論する
決意表明
ほめる／ほめられる
祝う
お悔やみ
お見舞い
お願いする
確認
引き受ける
お礼

お気づかいいただきまして恐れ入ります

手土産や贈答品を渡されたとき、気心の知れた間柄なら「まあ、うれしい」と素直に喜ぶだけで十分だと思いますが、少し距離のある関係なら、まず、

ありがとうございます。

ごていねいに、ありがとうございます。

としっかりお礼を言いたいところです。さらに言葉を重ねて、

どうぞお気づかいなく。

お気づかい　お持たせ
恐縮　ご丁寧

訪問する
訪問を受ける
贈答のやりとり
話の輪への出入り
紹介する／される
電話の受け答え
人前で話す
飲食の席
詫びる
お断りする
招く／招かれる
議論する
決意表明
ほめる／ほめられる
祝う
お悔やみ
お見舞い
お願いする
確認
引き受ける
お礼

かえって申し訳ないです。

お気づかいいただきまして恐れ入ります。

たいへん恐縮です。

など、恐縮の気持ちを表現するのもよいでしょう。

相手が、品物について説明してくれたら、それに応えます。

みんな喜びます。

それは楽しみです。

さっそく今晩の酒の肴にいただきます。

ちなみに、もらった菓子などをその場に出して勧めるときは、

お持たせで失礼ですが、おひとつどうぞ。

と言います。「お持たせ」とは、相手が持ってきた土産物のことを言います。

15 先日はお心づかいをいただきまして

お中元やお歳暮を受け取ったあと打合せなどで会ったりしたら、まず口頭で、

先日はお心づかいをいただきまして、
先日は結構なものを頂戴致しまして、
ご出張先からのお土産が届きました。

のあとに「ありがとうございました」「恐れ入りました」「スタッフで美味しくいただきました」などとお礼を続けます。

手紙やメールでお礼を言うときも、右のように書いてもいいですし、次のように

頂戴する　恵贈

結構なもの　お土産

もっと堅い書き言葉にすることもできます。

- **本日は結構なお品を頂戴致しまして、**
- **このたびは過分なお心づかいを賜りまして、**
- **このたびは結構なお歳暮の品をご恵贈（けいぞう）賜り、**

などに「誠にありがとうございました」「心より感謝申し上げます」とつなげます。

なお、立場上、贈答を受けることができないとき、今後は控えてほしいときなどは、「規定により、ご謝礼等は受け取れないことになっております」などと事情を説明した上で、次のように辞退します。

- **今回はありがたく頂戴致しますが、今後はこのようなお気づかいのないようお願い致します。**
- **お気持ちだけありがたくいただきます。**

16

お話し中、失礼します

パーティ会場などで、複数の人が談笑している場に、加わったり抜けたりするのが難しいと感じることがあります。「あの〜、すみません」では、しゃきっとしません。

たとえば、話の輪の中にいる人に、急ぎの用事があって割り込まなければならないときは、当人のそばまで行き、声を落として、

お話し中、失礼します。

失礼します。ちょっとよろしいでしょうか。

と声をかけます。

よろしいでしょうか　ご伝言　お見えになる

特に、自分が会場でホスト側のスタッフとしての役割を負っている場合は、

鈴木様、ご伝言があります。

部長、お電話が入っております。

社長、お客様がお見えです。

など、用件を短く伝えます。邪魔をしてしまった周囲の人にも、目礼をすると礼儀正しくなります。

人前では言えない用件のときはメモに書き、

失礼します。

と言いながら、当人にそっと差し出します。

来客中の上司に次の来客がきてしまったような場合も、待たせてよいのかわからない来客であれば、このようにして上司の判断を仰ぎます。

ご挨拶させてください

グループができているような交流の場で、仲間に入りたいときはどんなふうに話しかけたらよいでしょう。グループの中に知っている人がいる場合は、その人に声をかけて、

紹介していただいてもよろしいでしょうか。

と、ほかの人への紹介をお願いしてもよいでしょう。あるいは、自分から、

皆様にもご挨拶させてください。

とお願いして、名刺交換・挨拶をしてもよいでしょう。

いきなり

お話しのところお仲間

面識のある人がいないときも、思い切って声をかけてみましょう。

お話しのところ、いきなりで失礼ですが…

突然お邪魔して申し訳ありません。

まず、自分は何者で、なぜみんなと話したいかを説明する必要があります。たとえば、「私(わたくし)、A社の鈴木と申します。今日は初めて交流会に参加したのですが…」「先ほどご発表をお聞きして、ぜひ詳しくお話をお聞きしたいと思ったのですが…」などのように切り出し、

お仲間に入れていただいてもよろしいでしょうか。

まぜていただいてもよろしいでしょうか。

などとお願いします。タイミングを見きわめて、はっきりした声で、一人ひとりの目を見ながら話しかけるのがコツです。

申し遅れましたが

いつの間にか知らない人との話の輪に入ってしまっていたとき、流れで知らない人と話し始めてしまったとき、相手の所属や名前を知りたいが今さら言い出しにくいというときなどに便利なのが、

申し遅れましたが、私（わたくし）は……

という切り出し方です。こちらが名乗れば相手も名乗り返しますから、相手の所属や名前を知りたいときも、この作戦が有効です。

申し遅れる　名刺交換　改めまして

ご挨拶が遅れましたが、

ご挨拶もせず、失礼を致しました。

などと切り出し、「改めまして、私は……」と名刺を差し出すのもよいでしょう。以前に名刺交換をしたことがあるのに、相手が自分のことを覚えていないらしいと思われるとき、「お忘れですか？」と聞いたりするのは失礼です。初対面のときのように名刺を差し出して、

以前にも名刺交換させていただきましたが、私は……

と名乗ります。特に相手が名の通った人で、たくさんの人と名刺交換をしている場合は、忘れられていても当然と思ったほうが失礼になりません。もしも相手が「ああ、あのときの」と思い出してくれたら、「はい。○○社の田中です。ありがとうございます！」と名前を繰り返して、今度こそ相手に覚えてもらえるようにアピールしましょう。

ちょっと失礼します

話の輪から少しだけ抜けたいというとき、黙って抜けると印象を悪くする場合もあります。とはいえ、誰かが話しているのをさえぎって、「ちょっとトイレ行ってきます」と言うのは、もっと失礼です。そんなときは、隣の人に「少し抜けます」と声に出さない目礼で伝えるか、小さな声で、

- ちょっと失礼します。
- すぐに戻ります。
- 少し席をはずします。

中座する　急ぎの連絡　席をはずす

とささやいて抜ければ、周囲の人もその様子で察してくれるでしょう。話している人の邪魔にならないようにするのがマナーです。

本来いるべき場を抜けることを宣言しなくてはならないような場合は、「申し訳ありませんが、やむをえない事情がありまして」と切り出して、

中座させていただきます。

とはっきり伝えます。

誰かと話しているときに携帯をさわるのは失礼ですが、着信があって画面を見たら重要な連絡だったというときも「申し訳ありません」と詫びて、

急ぎの連絡が入りましたので、失礼します。

と場を離れて、邪魔にならないところで通話します。「急ぎの連絡」はほどよい表現で便利です。「緊急の連絡で」と言うと聞いた人は心配になります。仕事の場面では、「友だちから連絡で」「取引先から連絡で」もNG。「友だち」は後回しにすべきですし、「取引先」というのも、別の取引先の人が聞くと不愉快だからです。

20

次がありますので、これで

話の輪から抜けて帰ってしまうときは、会話をさえぎらないようにタイミングを見計らって、

そろそろ失礼させていただきます。
次がありますので、これで失礼致します。
出る時間になってしまいましたので、失礼させていただきます。

などと別れの挨拶をします。これに「今日はありがとうございました」とお礼をつなげると、礼儀正しくなります。

話がつきない そろそろ お名残惜しい

話が盛り上がっていたのに切り上げなければならないときは、頭に、

残念ですが、

お名残惜しいのですが、

まだまだお話をお聞きしたいのですが、

話がつきませんが、

などとつけます。

連れ立って帰る途中で誰かと別れるときは、

では、私はここで…

私は丸ノ内線ですので、こちらで失礼致します。

などと声をかけます。目上の人には、別れ際に「本日はたいへん勉強させていただきました」など、改めてお礼を言うと礼儀正しくなります。

21 ご紹介いただけませんか

知っている人（Aさん）に、一緒にいる人（Bさん）を紹介してもらいたいとき、なんと言えばよいでしょう。通常は、2人に近づき、Aさんに、

ご紹介いただけませんか？

ご紹介いただいてもよろしいですか？

と声をかけます。知らない人同士をその場で引き合わせる場合、目下の人を目上の人に先に紹介するという決まりがあります。たとえば、Bさんがあなたの目上にあたる人である場合、Aさんは先にあなたをBさんに紹介した上で、Bさんのことをあな

引き合わせる

ご紹介いただく

たに紹介するという手順をとるでしょう。そのつもりで、名刺を準備して待ちましょう。Bさんがあなたよりも目下にあたる場合や、Aさんの身内（同じ会社、家族など）の人間である場合は、Aさんは先にBさんをあなたに紹介するはずです。たとえ紹介するのが上司でも社外の人には先に紹介します。この場合、「上司の山田です」など、上司も呼び捨てになります。

社内・社外、目上・目下の関係にないときは、紹介者は自分と関係が近い人を身内的に扱い、先に紹介します。

Aさんがあなたの部下・友人など身近な人であれば、こんなふうに気軽に声をかけることもできます。

こちらは？

Bさんがいないところで、あらかじめAさん（目上）に紹介をお願いする場合は、

Bさんにお引き合わせいただけませんか？

と切り出しましょう。

22

お口添えをいただきたいのですが

その場でというのではなく、口頭やメールなどで紹介をお願いする場合も、前節の表現がつかえますが、ほかに「○○の件で△△社のご担当の方に（を）」紹介してほしいと言いたいときは、

お口添えをいただきたいのですが。

ご紹介いただくわけにはまいりませんでしょうか。

ご仲介の労（ろう）をおとりいただくことは可能でしょうか。

などの言い方があります。「口添え」とは、はたから言葉を添えてとりなすこと、「労

お口添え　先方
仲介　労をとる

をとる」とは、わざわざ何かする、骨を折るという意味。人の紹介は引き受ける側には直接的なメリットがない場合が多いので、このような言い方がされているのです。

「お忙しいところ恐縮ですが」「ご面倒をおかけしますが」「厚かましいお願いで申し訳ありませんが」などと、相手に負担をかけることを申し訳なく思う言葉を添えると、礼儀正しくなります。

メールや手紙の場合は、

ご紹介いただけましたら、誠にありがたく存じます。

なにとぞご紹介賜りたくお願い申し上げます。

なお、紹介希望者から「メールアドレスを教えてほしい」と頼まれた場合は、その本人に、

先方にご連絡先を伝えてもよろしいでしょうか。

と問い合わせて、承諾をもらってから知らせるようにします。

紹介する／される

23

お見知りおきください

初対面の人に紹介されたとき、名刺を差し出しながら、こんな挨拶をします。始めの2つには「よろしくお願い致します」をつなげると座りがよくなります。

- はじめまして。
- 初めてお目にかかります。
- どうぞお見知りおきください。
- 以後、お見知りおきください。
- お見知りおきのほど、よろしくお願い致します。

お見知りおき　お目もじ
かねがね　ご高名

訪問する
訪問を受ける
贈答のやりとり
話の輪への出入り
紹介する／される
電話の受け答え
人前で話す
飲食の席
詫びる
お断りする
招く／招かれる
議論する
決意表明
ほめる／ほめられる
祝う
お悔やみ
お見舞い
お願いする
確認
引き受ける
お礼

「お見知りおきください」の「見知る」は「見て知っている＝面識がある」という意味で、「おく」とはその状態を続けること。つまり、「今後ともおつきあいください」という意味です。

相手が著名な人、話題の人である場合には、こんな挨拶もよいでしょう。

お噂はかねがね伺(うかが)っております。

ご高名はかねてより伺っております。

テレビでご活躍を拝見しております。

著名人ではなくても、会いたかったと伝えられるのはうれしいものです。

お会いできてうれしいです。

お目にかかれて光栄です。

お目もじがかない光栄です。

ご縁ができまして、うれしく存じます。

24 後任をご紹介したいのですが

パーティや交流会などでは、人を紹介しなければならない場面も多いものです。そんなときは、「山田様、少しよろしいでしょうか」などと声をかけて、

後任をご紹介したいのですが。
私どもの課長をご紹介します。
父を紹介させてください。

などと申し入れます。身内を外の人に紹介する場合は、上司であっても、呼び捨てにし、謙譲語をつかいます。たとえば、「課長の田中がまいりましたので、ご紹介さ

引見　私ども
弊社　引き合わせる

せてください」といった具合です。名前の後ろに肩書きをつけると敬称になる点にも注意が必要です。

上司の鈴木です。

弊社の販売部長の田中です。

目上の人にメールや手紙などで誰かを紹介したいと伝える言い方としては、

後任を連れてご挨拶に伺いたく、

この者にぜひともご引見（いんけん）賜りたく、

に「お願い申し上げます」とつなげます。後者は、紹介する人を相当にへりくだらせた書き方です。同等の関係であれば、次のように。

山田氏をお引き合わせする機会をいただければと思っております。

初めてお電話を差し上げます

メールでも電話でも、初めての相手に連絡を取るときは、細心の注意が必要です。最初の印象が悪いと、通る話も通らなくなることがあります。

初めての相手に電話する場合、

初めてお電話を差し上げます。

突然のお電話で失礼を致します。

などと切り出し、前か後に必ず「私(わたくし)、○○社の武田と申します」と所属と名前をつなげます。最初に何者かを告げるのは、電話では必須のマナーです。

の件で　ご連絡先　実は

お電話を差し上げる

訪問する
訪問を受ける
贈答のやりとり
話の輪への出入り
紹介する／される
電話の受け答え
人前で話す
飲食の席
詫びる
お断りする
招く／招かれる
議論する
決意表明
ほめる／ほめられる
祝う
お悔やみ
お見舞い
お願いする
確認
引き受ける
お礼

このとき、どういう経緯でかけてきたのかもわかったほうが、相手も安心できます。

△△社の山田様にご連絡先を伺いましてお電話を差し上げております。

以前に○○で佐々木様のお話をお聞きしたことがございまして…

「電話番号」は「ご連絡先」と表現するとソフトになります。

「（相手に）電話をする」のていねいな言い方としては、「お電話を差し上げる」のほかに、「お電話申し上げる」「お電話をさせていただく」などもあります。

用件に入るとき、まず「何の用か」という要旨を最初に伝えるようにします。

実は、○○の件でお伺いしたいことがございまして、

原稿のお願いがございまして、

これらに「お電話申し上げました」とつなげます。

電話の受け答え

26

お取り込み中ではありませんか

メールが主要な連絡手段となっている今では、電話をかけると相手の邪魔にならないか気になる人も多いでしょう。しかし、すぐに伝える必要がある場合や、メールでは伝わりにくい場合などは、思い切って電話をしたほうが手っ取り早く、誤解なく伝えることができます。相手の都合が気になるときは、電話をかけて名乗った後、

- 今、お取り込み中ではありませんか。
- 今少しお時間よろしいでしょうか。
- 今お話ししても差し支え（つか）えございませんか。

お取り込み　後ほど
折り返し　お手すき

と聞いてみるとよいでしょう。もしも相手が都合が悪そうなときは、

おかけ直ししましょうか。

何時頃でしたらお手すきですか。

とはっきり聞きます。「またあとにします」とあわてて切ってしまうと、かけ直すタイミングが難しくなります。

携帯の留守番電話などに録音するときは、所属・氏名を名乗り、

また後(のち)ほどおかけ致します。

折り返しお電話をいただければ助かります。

など、このあとどうするかも入れておきます。こちらの用事でかけたときは相手にかけ返させず、こちらからかけ直すのが原則ですが、急用のとき、相手から電話があってかけ直したときなどは、折り返しを頼んでもよいでしょう。

電話の受け答え

27

いただいたお電話で申し訳ありませんが

相手からかかってきた電話の中で、こちらから別件を持ち出す場合には、

いただいたお電話で申し訳ありませんが、

頂戴したお電話で恐縮ですが、

と前置きします。これは「そちらの電話代をつかってこちらの用件をお話しするのは申し訳ないのですが」という意味ですが、勘違いがふえているようです。たとえば、それが本社から支社にかかってきた電話だったら、こんな気づかいは不要です。「いただいたメールで申し訳ありません」も、本来の意味からはずれています。

かけ直す　お尋ねする　頂戴したお電話　もう一点

電話代という点では、こちらから携帯にかけて不在着信になった場合の相手からのかけ返しにも気づかいが必要です。電話に出たら即座に、

お電話を頂戴してしまい申し訳ありません。こちらからかけ直します。

と言っていったん切り、すぐにかけ返します。携帯の通話料金は高いので、特に個人持ちの携帯からのかけ返しには気をつかいましょう。

こちらからかけた電話で話している場合も、長電話になっているときには、

長くなりまして、申し訳ありません。

もう一点お尋ねしてもよろしいでしょうか。

詳細はメールでお送り致します。

などと気を配りながら話します。

28 あいにく外出しております

電話の受け方や取り次ぎ方などは、誰しも入社したときに教えられているはずですが、最近は電話が少ないせいか、そっけない対応にもよく出会います。
先方が指名した社員が外出中のとき、「申し訳ございません。山田は……」と受け、

ただいま外出しております。
あいにく外出しております。

と伝えます。「あいにく」とは「都合の悪いことに」「折悪しく」という意味で、せっかくかけていただいたのに申し訳ないという気持ちがこめられます。帰社予定時間が

申し伝える　存じ上げる

用件　あいにく

わかっていたら「戻りは○時の予定です」と知らせます。さらに必要に応じて、

- **どのようなご用件でしょうか。**
- **戻りましたらお電話させましょうか。**
- **ご伝言がございましたら申し伝えますが。**
- **お急ぎでしたら、出先からご連絡するように伝えますが。**

と尋ねると親切です。相手がかけ返してほしいと言った場合は、

- **山田はご連絡先を存じ上げておりますでしょうか。**
- **念のため、お電話番号をお伺いしてもよろしいでしょうか。**
- **私、鈴木と申します。失礼ですが、もう一度お名前をお聞きしてもよろしいでしょうか。**

などの言い方で、先方の名前や連絡先を確認します。

29 打合せに入っておりまして

上司や同僚がいろいろな事情で電話に出られないとき、ソツなく伝える必要があります。たとえば、会議や打合せをしているとき。

今、打合せに入っておりまして…
ただいま席をはずしておりまして…
ほかの電話に出ておりまして…

「申し訳ありません」のひと言も付け加えましょう。さらに、

承る　私でよろしければ

席をはずす

終わり次第、おかけ直し致しましょうか。

私でよろしければ、ご用件を承(うけたまわ)りますが。

などと、対応を確認します。本人が休みをとっているときは、

山田は休みをとっております。

山田はお休みをいただいております。

と伝えます。後者を間違いと断言しているネット記事を見かけます。「いただく」は「もらう」の謙譲語であり、休みは会社からもらうものだから、外部の人に向かって身内（会社）を敬う敬語をつかうのはおかしいという意見です。しかし、それは杓子定規です。この表現には「お客様や取引先のご協力のもと（お客様や取引先から）休みをいただいている」という、一段深い感謝がこめられていると見ることもできます。ちなみに、「お休み」の「お」は「お箸」「お茶」などと同じ丁寧語の「お」であり、これも間違った使い方ではありません。

かしこまりました

電話で相手から用件を聞いて「わかりました」と言いたいとき、どんな表現があるでしょうか。
自分が相手から指示を受ける立場である場合は、

かしこまりました。
承知致しました。

という表現がていねいです。「かしこまる」とは、相手を恐れて慎んだ態度をとることで、「かしこまりました」は、慎んで指示を受けましたという意味になります。

承知する

了解する
かしこまる

同じ程度に相手を敬う表現として、

承りました。

があります。これは「わかりました」というよりも「お聞きしました」という意味に近く、特に注文を受けたとき、伝言を受けたときなどに、「確かに承りました」と言います。注文や伝言を受けて、責任を明確にするためなどは、「私、小林が承りました」と言います。

意見を交換して物事を進めているような対等な関係では、「承知しました」のように服従を表す言葉では不自然になってしまう場合もあります。そんなときは、

了解しました。

了解です。

が便利です。「了解」については目上につかわないと考えている人が多くなっているので注意が必要ですが、取引先でも同年輩の気心の通じた相手なら問題ないでしょう。

定刻となりましたので

会議で開始時間にメンバーがそろわないとき、進行役がよくつかうのが、

定刻となりましたので、
時間になりましたので、

という言い方。社内会議でも「山田課長は外出先からのお戻りが遅れているとのことですが、定刻となりましたので販売会議を始めたいと思います」などと使います。大きな会議などは遅刻者がいても時間どおりに始める場合が多いでしょう。待つ場合は、「大橋様は交通機関の乱れで5分ほど遅れるとのご連絡をいただいております。

定刻　参列
列席　来臨

まもなく到着されると思いますので、今しばらくお待ちください」と説明します。
かしこまった会議やイベントなどでは、進行役はお礼の言葉から始めます。

本日はお忙しい中、お集まりいただき、

本日はご多忙のところ、〇〇にご参加いただきまして、

本日は〇〇出版記念パーティにおいでいただき、

本日はお足元の悪い中、私どもの20周年式典にご列席賜り、

と始めて「ありがとうございます」とつなげます。

「参列」も「列席」と同じ意味ですが、「主催者側として客に呼びかけるときは列席、参加者として他の参加者のことを言うときは参列」という使い分けが多くなっているので注意が必要です。関連して結婚式や記念式典など、フォーマルな招待状では、

ぜひともご来臨（らいりん）賜りたくお願い申し上げます。

という言葉もつかいます。「ご光臨（こうりん）」も同様です。

32

僭越ながら

司会者の自己紹介や来客のスピーチなどでよく聞くのが、

僭越（せんえつ）ながら、

「僭越ながら本日の司会進行を務めます鈴木と申します」などとつかいます。「僭越」は「自分の身分や分際をわきまえず出過ぎた行動をする様子」を表し、「僭越ながら」は、いろいろな立場の人が集まるような場で、「立派な方もたくさんいらっしゃる場で、私のような者があれこれ申し上げる失礼をお許しください」という、日本人らしい謙遜の気持ちを表現する言葉です。

司会者などから紹介されてスピーチを始めるとき、入りやすいのが、

ご紹介にあずかる

せっかくの　僭越　高いところから

ただいまご紹介にあずかりました山田でございます。

という挨拶です。この「あずかる」は「与る」とも書き、「いただく」と同じ意味になります。「おほめにあずかる」「お招きにあずかる」などと同じ使い方です。

高いところから失礼致します。

は、落語家の挨拶でも聞きますが、舞台や壇上などで話すときに文字どおり「高いところから話して失礼をします」という意味でつかいます。お茶会では、高低差はなくても上座の正客（しょうきゃく）が挨拶をするときに「お高いところから失礼します」と言うことがあります。

せっかくのご指名ですので、ひと言ご挨拶申し上げます。

は、「本当は自分なんかの出番ではないのだが、せっかく指名していただいたので、少しだけ挨拶します」という意味になります。

ご歓談ください

食事が提供される催しでは、挨拶や出し物の合間に「歓談（かんだん）」の時間を設けるのが普通です。「歓談」とは、打ち解けてなごやかに話し合うことで、パーティや披露宴、歓送迎会、忘年会などの司会では、

それでは、しばしご歓談ください。

ゆっくりご歓談をお楽しみください。

お食事も出ておりますので、しばらくご歓談ください。

などと言います。歓談が盛り上がっているところで、次のプログラムに移るときは、

歓談 ひと言
しばし お耳を拝借

訪問する
訪問を受ける
贈答のやりとり
話の輪への出入り
紹介する／される
電話の受け答え
人前で話す
飲食の席
詫びる
お断りする
招く／招かれる
議論する
決意表明
ほめる／ほめられる
祝う
お悔やみ
お見舞い
お願いする
確認
引き受ける
お礼

ご歓談中、失礼を致します。

と声をかけて、参加者の注意を喚起した上で、

ここで、新入社員の皆様にひと言ずつお願いしたいと思います。

チームを代表して川田様にご挨拶をいただきたいと思います。

この事業を支えてこられた大山様にもひと言頂戴します。

ご友人の鈴木様にご祝辞をいただきたいと思います。

と、次のプログラムを紹介します。なお、食べながら聞いてほしいときなどは、

お食事しながらで結構ですので、お耳をお貸しください。

少しお耳を拝借（はいしゃく）します。

などと言います。

人前で話す

34

お手元の資料をご覧ください

人前でプレゼンテーションや報告などをするとき、話の節目節目で、聞き手がついてきやすいフレーズをはさむ工夫が必要です。たとえば最初に、

私からは○○についてご報告します。ポイントはこちらです。
今日は、○○を成功させる3つの方法をお話しします。
○○はなぜ△△なのか。その理由に、□□の解決策が隠されています。

など、聞き手の関心を引きつける言葉で主題を提示します。

余談を入れるときは、切り替えの言葉をはさみます。たとえば、

ポイント　お手元　別添　本題

本題に入る前に、こちらをご覧ください。
本題から少しはずれますが、
本題に戻ります。

資料やパワーポイントをつかって話を進める場合は、指示をわかりやすくします。

お手元の資料をご覧ください。
資料の３ページをご覧ください。
別添（べってん）の資料集のほうをお開きください。
前方のスクリーンをご覧ください。
条件の詳細は別紙にまとめましたので、後でご確認ください。

このとき、聞き手がついてきているかどうか確認します。迷っている人が見えたら、「青い表紙の資料です」などと誘導すると、場の集中力が高まります。

35

ご清聴ありがとうございました

プレゼンテーションや報告などで、話してきたことの要点を最後に繰り返すことで、聞き手は過ごした時間の成果を感じることができます。

今日は○○を△△にする方法についてご提案させていただきました。

今日お話しした3つの大切なこと、何だったでしょうか。それは……

ここまで○○について述べてまいりました。結論をまとめますと……

質問を受けるときは、

ご提案　ご清聴
私見　まとめますと

訪問する
訪問を受ける
贈答のやりとり
話の輪への出入り
紹介する／される
電話の受け答え
人前で話す
飲食の席
詫びる
お断りする
招く／招かれる
議論する
決意表明
ほめる／ほめられる
祝う
お悔やみ
お見舞い
お願いする
確認
引き受ける
お礼

ご質問ありがとうございます。

ご質問は、……ということでよろしいでしょうか。

お答えになりましたでしょうか。

その点については、私見（しけん）になりますが、このように考えております。

などの言葉で対応します。終了するときは、

私の話は以上です。

私の話はここまでにさせていただきます。

と宣言し、ひと呼吸置いて、

ご清聴（せいちょう）ありがとうございました。

とおじぎをするというのが、ひとつのスマートな様式になります。

36

小粋なお店ですね

仕事関係者や目上の人と会食をするときには、あまり堅苦しくなりすぎない程度の、ほどほどに礼儀正しい会話が求められます。

たとえば、相手がお店を紹介してくれたときなどは、お店の話から入るのもよいでしょう。

- 小粋なお店ですね。
- いいお店ですね。
- 調度（ちょうど）が凝っていて、素敵ですね。
- 落ち着いていていますね。

小粋な　新鮮

お薦め　調度

さすが鈴木さんのお薦めのお店だけあって、お料理が素晴らしいですね。

日本酒の種類が多いですね。

「小粋」とはどことなくしゃれていること。「調度」は道具や家具のこと。自分がお店を選んだときは、理由を説明することで、相手を喜ばせたいと思った気持ちを伝えることができます。

ここは○○が美味しいんですよ。

ぜひここの○○を食べていただきたいと思いまして。

ワイン好きとお聞きしたので選んでみました。

ここの○○は産地直送なので新鮮なんです。

接待の場合は、あらかじめ相手の好みを聞いて、帰るのが便利な場所でお店を選ぶとよいでしょう。

飲食の席

37

かえって気詰まりですから

会食の代金をどちらがもつのか微妙な席では、最後に「いや、それは困ります」と伝票の取り合いになったりすることもあります。もしも、自分がおごりたいときは、

今日はこちらがお誘いしたのですから。

今夜は○○祝いのつもりですから、私にもたせてください。

今夜は私がごちそうします。

など、決然と言います。割り勘にしたいのに相手が払おうとするときは、

もっ 気詰まり
割り勘 ごちそうする

かえって気詰まりですから。
ここは割り勘にさせてください。
これからお誘いしにくくなりますから。

など。ただし、先輩や目上の人が「おごる」と言ってくれたときは、素直におごられるのも礼儀のうち。そんなときは、「ありがとうございます」とはっきりお礼を言います。会計する上司を後ろからのぞきこんだりせず、「申し訳ありません」と通り過ぎて、先に外に出て待つのがマナーです。上司が出てきたら、

ごちそうさまでした。

と改めてお礼を言います。

逆に、こちらがセッティングする接待などの場合は、あらかじめ店に接待であることを伝え、相手に気をつかわせないように気をつけます。伝票がテーブルにきてしまったら、そっと自分のほうに引き寄せるのも意思表示になります。「そろそろ」というときに、相手がお手洗いに立ったら、その間に会計をすませるとスマートです。

すっかりごちそうになってしまいまして

おごってもらったとき、帰り道や別れ際にもひと言感謝の言葉を言いたいときは、こんな言い方もあります。

すっかりごちそうになってしまいまして、ありがとうございました。

散財（さんざい）をおかけしました。

「散財をおかけする」とは、無駄なお金を使わせるという意味で、謙遜を含んだ表現です。しかるべき店で高級なものをごちそうになったときなどに言いますが、気軽な店で上司におごってもらったようなときに言うのは、大げさすぎます。

散財　勉強させていただく

食べ過ぎる

相手がセッティングしてくれた場だった場合には、

お料理が美味しくて、食べ過ぎてしまいました。

いいお店ですね。とても美味しかったです。

今日はゆっくりさせていただきました。

など、楽しんだことを伝えるのが感謝の言葉になります。

上司や目上の人と会話がはずんだときは、

今日はたいへん勉強させていただきました。

課長のお話をお聞きできて、今晩は最高でした。

いろいろ聞いていただいて、本当に助かりました。

などの感想を伝えるのもよいでしょう。

COLUMN

ネットの常識は非常識

ネット上では、言葉づかいについての解説があふれていますが、自分の好き嫌いで断じているものや、ネット上の間違った解説をそのままコピペしたものも少なくありません。おかしなNGにNGをつけると…

「おられますか？」にNGはNG

西日本では「いる」を「おる」と言う地域も多く、「おる」に尊敬語の「れる」がついた「おられる」は敬語として間違いではありません。全国調査でも、「おられる」を正しい敬語と思う人が多数派になっています。

「つまらないものですが」にNGはNG

贈り物を渡すときに「つまらないものですが」と言うのは失礼だという意見は、かなり広まって定説のようになってしまいました。「ささやかなものですが」も「つまらないものですが」も謙譲を美徳とする日本人がつかってきた慣用句です。誰かが「そんなにへりくだる必要はないじゃないか」と言ったことから、そのまま「間違った日本語」になってしまったのは残念です。

「万障お繰り合わせの上」にNGはNG

「さまざまな障害があっても、なんとか調整してきてほしい」という意味で、相手を敬いつつ出席を熱望する気持ちを表す慣用句ですが、「そこまで言うのは失礼だ」という人がいます。しかし、これは慣用句なので、嫌いならつかわなければいいだけで、「間違った日本語」ではありません。

「ご持参ください」「お申し出ください」にNGはNG

「持参」の「参」や、「お申し出」の「申」は「参る」「申す」などの謙譲語からきているので相手につかってはいけないという意見があります。実際には広くつかわれている言葉であり、文化庁の「敬語の指針」は、これらの言葉の中の「参る」「申す」は謙譲語の機能を失っていると解説しています。

お見舞い状に「日頃は格別のお引き立てを賜り」はNG

これは「言葉狩りNG」ではありませんが、ネット上のビジネス文例で、災害に遭った取引先へのお見舞い状の冒頭に「日頃は格別のお引き立てを賜り、誠にありがとうございます」と書いているものがありました。

お悔やみ、お見舞いなどの書状やメールの場合、相手は緊急事態になっているので、このような平常時の定番挨拶を入れないのがマナーです。「ご健勝のこととお喜び申し上げます」などもってのほかです。重大な損害が出たときのお詫びの書状やメールの場合も挨拶を省き、「このたびは…」とお詫びから始めます。ただし、通常の連絡に軽微なミスのお詫びを書く場合は、そこまで気にしなくてもよいでしょう。

第2章

言いにくいとき、言葉につまるとき

詫びる

39 このたびの不祥事につきましては

「申し訳ありません」と詫びるときの切り出しの言葉は大切です。自分の失敗や落度をしっかり反省し、言い訳がましくないきりっとした表現で始めたいものです。

このたびの不祥事につきましては、

このあと、「誠に申し訳なく、お詫びの言葉もございません」などとつなげます。「このたびの」とつけることで、改まった感じがします。「不祥事」とは、「好ましくない出来事、事件」のことです。

多大なるご迷惑をおかけし、

不祥事　失礼
ご迷惑　多大なる

とりかえしのつかない事態を招いてしまい、

思いもかけない結果を招いてしまい、

たいへん失礼なことになってしまい、

あってはならないミスを犯してしまい、

仕事が遅れた、混乱した、相手の手間を大幅にふやした、損失が出たなどの場合は「迷惑」と表現してもよいでしょう。その損失が甚大なものだったり、何かとりかえしのつかない事態を招いていたりする場合は、「ご迷惑」では軽すぎます。起こった事柄の内容に合わせた表現を選びます。

ところで、相手に深刻なトラブルやミスを知らせるとき、電話やメールをつかう場合が多いと思いますが、最初の第一声で次のように「よくない知らせ」であることを告げると、相手は覚悟して聞いてくれて、少しはショックを和らげることができるかもしれません。

実は、たいへん申し訳ないことになってしまいました。

40

詫びる

私が至らぬばかりに

自分側の不注意や未熟さから相手に迷惑をかけてしまったときは、素直に認めて反省の気持ちを表します。

私が至らぬばかりに、

私が未熟なために、

「このようなことになってしまい、心よりお詫び申し上げます」などと続けます。

言葉の行き違いがあって相手が不愉快に思っていることがわかったときは、

未熟　言葉が足りない
至らぬ　不注意

私の言葉が足りず、

私の考えが及ばなかったばかりに、

などに「ご不快な思いをさせてしまい、心よりお詫び申し上げます」などと続けます。意見が食い違っているのに「ご心配をおかけして申し訳ございません」という人がいますが、相手の意見を「余計な心配」と考えているように聞こえて失礼です。「私の不徳の致すところです」という言い回しもありますが、記者会見などでつかわれすぎていて、若い人がつかうと不真面目に聞こえる場合もあります。

当方の不注意でこのようなことになり、

私どもの配慮が不十分で、

私どもの指導が行き届かず、

会社や組織として詫びるときは、「当方」「私ども」などの言葉をつかいます。「私」は「わたくし」と読んだほうが改まった感じがします。

恥じ入っております

反省の気持ちを強調する表現にもいろいろなものがあります。

恥じ入っております。

「恥じ入る」とは、とても恥ずかしく思うこと。たとえば、「連絡もれの件、誠に申し訳ありませんでした」と述べた後、「基本的なミスを犯してしまい、恥じ入っております」と言葉を重ねます。

お詫びの言葉がございません。

お詫びのしようもございません。

恥じ入る　猛省
遺憾　お詫びの言葉もない

「たいへんなご迷惑をおかけし、お詫びのしようもございません」などとつかいます。なお、これらの言葉は反省の気持ちを強調するものですが、これ自体はお詫びではないので、前後のどこかで改めて「申し訳ありませんでした」など正式なお詫びの言葉を入れたほうがよいでしょう。

深く反省しております。

猛省しております。

「猛省」とは、猛烈に反省すること。「自分のうかつさを猛省しております」など。

遺憾に存じます。

「遺憾に存じる」とは、残念に思うこと。記者会見などでもよく聞く言葉ですが、自分の責任で起こった事柄に関してつかうと、他人事のように言っていると反感を買うこともあります。

42 詫びる

心よりお詫び申し上げます

お詫びの定番は、やはり「申し訳ありません」「申し訳ございません」です。口頭では「すみません」もつかいますが、深刻にお詫びしたい場合や、書き言葉として書く場合は軽すぎます。「申し訳ありません」を強調する表現としては、

- **誠に申し訳ございません。**
- **本当に申し訳ありません。**
- **たいへん申し訳ありませんでした。**

これらと同格のお詫びの言葉としては、

平に　心より
誠に　衷心より

心よりお詫び申し上げます。

衷心(ちゅうしん)よりお詫び申し上げます。

平(ひら)にお詫び申し上げます。

たいへん申し訳なく、心よりお詫び申し上げます。

「衷心より」とは、「心の底から」という意味です。「平に」は、平身低頭してお詫びする気持ちを表します。

「申し訳ありません」と「お詫び申し上げます」の両方をつかうと、二段構えのお詫びになり、よりていねいです。たとえば、お詫びのメールや手紙の冒頭のところで、「このたびは……こと、誠に申し訳ありませんでした」とお詫びをしっかり述べ、反省や経緯の説明などを述べた上で、再び「ご迷惑をおかけしましたことを心よりお詫び申し上げます」などと書く書き方です。

なお、起こったことの経緯を説明する部分では、端的に、言い訳がましくならないように書きます。

訪問する
訪問を受ける
贈答のやりとり
話の輪への出入り
紹介する／される
電話の受け答え
人前で話す
飲食の席
詫びる
お断りする
招く／招かれる
議論する
決意表明
ほめる／ほめられる
祝う
お悔やみ
お見舞い
お願いする
確認
引き受ける
お礼

詫びる

43

二度とこのようなことのないよう

大きなミスが起こったときのお詫びのメールや手紙では、お詫びの言葉、経緯説明、反省、今後への誓いなどを書く場合が多いでしょう。今後への誓いの表現としては、次のような切り出し方があります。

二度とこのようなことのないよう、
二度とこのようなミスのないよう、
今後はこのような過ちを繰り返さぬよう、

これらの言葉に次のような誓いの言葉をつなげます。

精進する　所存
努める　細心の

- 初心に戻り努力してまいりたいと思います。
- 今回のことを深く反省し精進してまいりたいと思います。
- 二重三重のチェックをしてまいりたいと思います。
- 細心の注意を払う所存でございます。
- チェック体制を強化してまいる所存でございます。
- 社員一丸となってサービス向上に努めてまいります。
- 社員教育に一層力を入れてまいります。

「所存」とは、自分の思うところ、考えを意味し、決意表明によくつかわれる言葉です。堅い言葉だけに、かしこまった表現になります。

「まいる」は「行く」の謙譲語で、ここでは将来に向けての改善や努力の継続を表現しています。

44

ご容赦くださいますよう

お詫びのメールや手紙では、許しを乞う文章もよく書かれます。

- ご容赦くださいますよう、
- お許しいただきたく、
- ご勘弁くださいますよう、
- ご寛恕(かんじょ)くださいますよう、

これらに「お願い致します」「お願い申し上げます」をつなげると、「許してください」という意味になります。たとえば、「今後一層、品質の改善に努めてまいります

ご容赦　ご寛恕　お許し　ご勘弁

ので、どうかご容赦くださいますようお願い申し上げます」のように書きます。

どうかお許しください。

なんとかお許しをいただけないものかと思っております。

などは、口頭でも言いやすいでしょう。

メールや手紙では、お詫びの最後に、今後のことをお願いする文面を書くこともあります。

これにこりず、今後ともおつきあいのほど、よろしくお願い致します。

なにとぞご容赦いただき、今後ともお引き立てくださいますようお願い申し上げます。

ただし、重大事件で損害等が回復できていないような場合は、それどころではないので、このような一文は控えます。

訪問する
訪問を受ける
贈答のやりとり
話の輪への出入り
紹介する／される
電話の受け答え
人前で話す
飲食の席
詫びる
お断りする
招く／招かれる
議論する
決意表明
ほめる／ほめられる
祝う
お悔やみ
お見舞い
お願いする
確認
引き受ける
お礼

詫びる

45

私がうかつでした

程度にもよりますが、重大事件でなければ、カジュアルな言葉で詫びたほうが、相手も軽く受け止めやすくなります。たとえば、自分の勘違いや認識不足だったことに気づき、意見や連絡内容を修正したいときは次のように言います。前か後に「申し訳ありません」をつけるのを忘れずに。

- 私がうかつでした。
- 私が浅はかでした。
- まったく気がついておりませんでした。
- 考えが及びませんでした。

不手際　浅はか　不用意　うかつ

「うかつ（迂闊）」は、注意が足りないこと。「浅はか」は、考えが足りないこと。相手に失礼な言動をしてしまったり、失言をしてしまったりしたときは、「たいへん失礼を致しました」でよいのですが、次のような表現もつかえます。

- **私の不手際でご不快な思いをさせてしまい、申し訳ございません。**
- **度重なる失礼をお許しください。**
- **……とは存じ上げず、たいへん失礼を致しました。**
- **つい言葉が走りすぎてしまいました。**
- **私の不用意な発言で皆様をご不快にさせてしまいました。**
- **とんでもない失態を演じてしまい、お恥ずかしい限りです。**

相手が専門家とは知らずにその領域の知識を話してしまったとき、「ご専門とは存じ上げず、たいへん失礼をしました」などと詫びます。なお、失礼な言動を詫びようと詳しく再現して書くと、相手を余計に不愉快にさせる場合もあるので気をつけます。

お断りする

46 せっかくのお申し越しではございますが

相手から受けた提案や申し出を丁重に断りたいときは、次のように切り出して、心苦しさを表現します。

- **誠に残念ではございますが、**
- **不本意ではございますが、**
- **誠に遺憾ながら、**

これらに「今回は辞退させていただきたいと思います」「見送らせていただきます」など断りのフレーズを続けます（130ページ参照）。

お申し越し　せっかく　不本意　お申し出

「不本意」とは、自分の本心にそわないこと、「遺憾」は心残りがすること、残念なことを意味します。自分としては残念だけれども、事情が許さず受け入れられないという場合につかいます。

せっかくのお申し越しではございますが、

せっかくのお申し出ではございますが、

せっかくのご厚意ではございますが、

「せっかくの」は、相手がしてくれたことを無駄にして申し訳ないという気持ちを表現する言葉です。「せっかくのお申し出ではございますが、今年度は当該イベントの中止が決定しております。誠に申し訳ありません」などとつかいます。

「お申し越し」「お申し出」は、相手がこちらに言ってきた内容を指します。これらに含まれる「申す」は、謙譲語の機能はなく、相手についてつかっても間違いではありません（文化庁「敬語の指針」）。「ご厚意」とは、親切な気持ち、思いやりのある心という意味です。好きな気持ちという意味の「好意」とは意味が違います。

47

お受けしかねます

相手の要望、提案などを明確に断る言葉としては、次のようなものがあります。

- **お受けしかねます。**
- **お断り申し上げます。**
- **見送らせていただきます。**

これらはていねいですが、断固とした表現です。「このような条件ではお受けしかねます」「今回の企画については見送らせていただきます」などのようにつかいます。

相手に礼を尽くしたいときは、「たいへん残念ですが」「たいへん申し訳ありませんが」

見送る　お受けしかねる　今後の検討課題

ご期待にそえない

訪問する
訪問を受ける
贈答のやりとり
話の輪への出入り
紹介する／される
電話の受け答え
人前で話す
飲食の席
詫びる
お断りする
招く／招かれる
議論する
決意表明
ほめる／ほめられる
祝う
お悔やみ
お見舞い
お願いする
確認
引き受ける
お礼

などの言葉を補います（前節参照）。

「～かねます」は、できないということをソフトに伝える表現です。断る場面では、

ご協力致しかねます。

お引き受け致しかねます。

承諾致しかねます。

なども考えられますが、「承諾致しかねます」はかなり強い表現になるので、事を荒立てても強く主張したい場合にのみつかいます。

ソフトな言い回しでは、次のようなものもあります。最後は贈答品を断る場合です。

ご期待にそえない結果となりました。

今後の検討課題とさせていただきます。

ご辞退申し上げます。

お気持ちだけ頂戴します。

お断りする

48

お役に立てず申し訳ありません

相手からの依頼などを断るとき、

お役に立てず申し訳ありません。

などとお詫びの言葉を添えて申し訳なさを伝えます。

ご希望にそえず、

ご期待に応えられず、

せっかくのご厚意にお応えできず、

ご厚意　ご了承
あしからず　ご賢察

などもよくつかわれます。前前節でもふれたように「厚意」とは、思いやりのある心を意味します。ここでの「ご厚意」は、相手側からの申し出や提案を親切として受け止めて、それに応えられないことを詫びています。

断る場面では、相手の理解や許しを求める言葉もよくつかわれます。

なにとぞご賢察のほどお願い申し上げます。

なにとぞご理解のほどお願い致します。

あしからずご了承ください。

これらは、「これこれこういう事情ですので」と説明したあとに続けます。

口頭では、次のようにふわっとした表現で、暗に断る場合もあります。

難しいお話ですね。

お話は承りますが…

残念ですが、お役に立てそうもありません。

お断りする

49

私では荷が勝ちます

指名されたけれども穏便に辞退したいというとき、こんな言い方があります。

私では力不足かと存じます。

「力不足」とは、文字どおり、力が足りず十分にできないことを意味します。これに対して「役不足」は、与えられた役割が実力に対して軽すぎる場合に言います。取り違えると、とても厚かましい言い方になるので、気をつけましょう。

若輩者の私では荷が勝ちます。

私ではこのような大役はとても務まりません。

若輩者　力不足

大役　**荷が勝つ**

前者は、まだ年齢が若く未熟な自分では、役割（荷）のほうが実力を上回ってしまう（勝つ）という意味です。このような辞退を切り出すときの言葉として、

- **せっかくのご指名ですが、**
- **たいへん光栄なお話ですが、**
- **ありがたいお話ですが、**

などもよくつかわれます。また、これらに次の言葉をつなげてもよいでしょう。

- **辞退させていただきます。**
- **遠慮させていただきます。**
- **ご勘弁いただきたいと思います。**

「今回は辞退させてください」など、「今回は」をはさむとソフトになります。

50

あいにく先約がありまして

お誘いを断るのは心苦しいものですが、軽いお誘いであれば、軽くさわやかに断ったほうがよいでしょう。

あいにく先約がありまして…

その日は予定が入っております。

これらに「残念です」「申し訳ありません」などの言葉を補うとよいでしょう。

目上の人などからのお誘いに対して、少し重く答えたいときは、

あいにく またとない 動かせない 先約

どうしても動かせない予定が入っておりまして、

どうしても都合がつかず、

と切り出して、「お伺いすることができません」「ご一緒できません」「おつきあいできません」「お供できません」などと続け、お詫びします。

このとき、誘いに乗れない残念さや悔しさを強調するのもよいと思います。

せっかく声をかけていただきましたのに、

せっかくの機会ですのに、

またとない機会でしたのに、

ぜひご一緒したかったのですが、

とても楽しみにしておりましたのに、

お誘いのメールに飛び上がって喜んだのですが、

「またの機会には、ぜひご一緒させてください」などの言葉で区切りをつけます。

51

ご一緒にいかがですか

人を誘うのは、勇気がいるものです。親しい相手なら「一緒に行かない？」でいいのですが、そうは言えない相手に、押し付けがましくなく、相手が負担に感じないような誘い方がしたいとき、どんな言い回しがあるでしょう。

ご一緒にいかがですか。

お時間が合うようでしたら、ご一緒しませんか。

これらは、食事や外出など楽しいことに誘うときによくつかいます。話していて何か共通の趣味が見つかったとき、「では今度、ご一緒しませんか」と誘えば、おつきあいを深めることができます。

今度お誘いしてもよろしいですか。

も同様の場面でつかえます。
自分の行きつけのお店や地元の観光地などに誘いたいときは、

今度ご案内させてください。

と誘ってみるのもよいでしょう。
観劇、コンサート、勉強会などに誘いたい場合、相手の好みや都合を尊重する表現にします。

ご関心がおありでしたら、ぜひご一緒にと思っておりますが、いかがでしょうか。

ご都合がつくようでしたら、おつきあいいただけないでしょうか。

ご関心をお持ちのテーマかと思いますが、ご都合はいかがですか。

招く／招かれる

52

お運びください

「きませんか」「きてください」をていねいな敬語にすると、

おいでになりませんか。
いらしてください。
お運びください。

などになります。「お運びください」はよくつかわれている尊敬表現です。自分が行くときは「足を運ぶ」と言いますが、相手を誘う言葉としてつかう場合は「足を」を省略することが多いでしょう。「どうぞいらしてください」「ぜひ一度、お運びくだ

お立ち寄りください

お越しください

おいでください

さい」などとつかいます。

日時を限定しないで自宅や店などにお誘いする言葉としては、

- **よろしければ、お立ち寄りください。**
- **お気軽にお越しください。**
- **ぜひお訪ねください。**
- **たまには顔を見せてください。**

などがあります。「お近くにお越しの際は、お気軽にお立ち寄りください」は、引越しのお知らせのハガキに書き添える決まり文句になっています。「顔を見せてください」は、気兼ねのない関係でつかうカジュアルな表現です。

次のようなフレーズを添えると、「ぜひ」という気持ちが伝わるでしょう。

- **一同お待ちしております。**
- **お会いするのを楽しみにしています。**

招く／招かれる

53

ご出席のほどお願い申し上げます

会議などへの出席をお願いする場合は、定型的な表現をつかいます。

ご出席のほどお願い申し上げます。
ご出席くださいますようお願い致します。

「ご多忙のところ誠に恐縮ではございますが」「ご多用のことと存じますが」「なにとぞ」などを添えるとさらにていねいになります。社内の人に会議への出席を呼びかける場合には「ご出席ください」で十分です。

自由参加のイベント、講演会などへの参加を呼びかける場合は、

訪問する
訪問を受ける
贈答のやりとり
話の輪への出入り
紹介する／される
電話の受け答え
人前で話す
飲食の席
詫びる
お断りする
招く／招かれる
議論する
決意表明
ほめる／ほめられる
祝う
お悔やみ
お見舞い
お願いする
確認
引き受ける
お礼

ご参加ください。

ご来場ください。

ご参集ください。

がつかえます。これらに「ますようお願い致します」をつなぐとていねいです。「ご参集ください」が堅いと感じるのであれば、「お集まりください」でもよいでしょう。「参集」の「参」が謙譲語ではないかと気にする人がいますが、「参加」の「参」と同様、謙譲の意味は失われています。

ご光臨（こうりん）の栄（えい）を賜りたく、謹（つつし）んでご案内申し上げます。

ご来臨（らいりん）賜りますよう、謹んでお願い申し上げます。

ご臨席（りんせき）いただきたく、お願い申し上げます。

これらは式典等の招待状の常套句になっていますが、ふだんのお誘いにはつかいません。

招く／招かれる

54

喜んでお供します

招待状を受け取ってお礼を言いたいとき、「呼んでくれてありがとう」とは言えないような相手にはなんと言ったらよいでしょう。

お招きにあずかり、ありがとうございます。

ご招待いただき、たいへん光栄に存じます。

うれしいお誘いをありがとうございます。

3番目の表現は、右の2つよりも少しカジュアルです。

目上の人に飲食に誘われ、「行きます！」という返事をしたいときは、

お供する　ご招待いただく

ご相伴にあずかる　お招きにあずかる

訪問する
訪問を受ける
贈答のやりとり
話の輪への出入り
紹介する／される
電話の受け答え
人前で話す
飲食の席
詫びる
お断りする
招く／招かれる
議論する
決意表明
ほめる／ほめられる
祝う
お悔やみ
お見舞い
お願いする
確認
引き受ける
お礼

喜んでお供します。

ご一緒させていただきます。

ご相伴（しょうばん）にあずかります。

ではお言葉に甘えて。

などと言います。

「ご相伴にあずかります」の「ご相伴」は茶道からきた言葉で、「正客のお供で一緒にもてなしを受けること」「つきあいで一緒に行動すること」という意味があります。後者なら「一緒に行きます」というだけの意味になりますが、前者だと「おもてなしを受ける」つまりごちそうになるという意味になります。相手がおごるつもりかどうかわからないときは、安易につかわないほうがよいかもしれません。接待される上司にお供するときに言うのであれば問題はありません。

「お言葉に甘えて」は、おごってもらうことが前提になっているので、「おごるよ」と言われたときにだけつかうようにします。

忌憚のないご意見をお願いします

会議や打合せでは、活発な意見交換があってこそ、問題への考察が深まり、よい結論が導きだされ、構成員の意思一致も進みます。ここでは議論を促したり、整理したりする言葉を取り上げてみましょう。

まず、司会者や提案者が意見を出してほしいと投げかける言葉です。

- 忌憚（きたん）のないご意見をお願いします。
- 何かご指摘はありますでしょうか。
- 自由なご意見をお伺いしたいと思います。

切り離す　すり合わせる

「忌憚のない」とは、遠慮のないという意味です。司会者は、参加者が発言しやすいように、「営業の立場からのご意見はいかがですか」「現場から何かご指摘はありませんか」などと具体的に質問を投げてもよいでしょう。「自由なご意見を」は司会者が参加者全体に言うのはよいのですが、面と向かって目上の人の意見を聞くときなどに言うと失礼になります。目上の人はそもそも自由に意見を言うものだからです。

議論を整理する必要が生じているときは、こんな言葉を投げるのもよいでしょう。

実効性という観点からはいかがでしょう。

AとBは切り離して考える必要があると思います。

その点は別途、担当者間でのすり合わせが必要かと考えます。

その問題は重要ですので、機会を改めて話し合いたいと思います。

議題からはずれるような発言があったときも、司会者が「貴重なご意見をありがとうございます」「営業戦略として重要なご意見でした」などと受け止め、右のような言葉でさりげなく軌道修正をすると角が立ちません。

議論する

56

僭越ながら私の少ない経験からの意見を

年齢や肩書きに関係なく自由な議論ができる場面もありますが、仕事関係では少し気をつかわなければならない場面が多いはずです。そんな少し難しい場面を想定して発言の切り出し方を考えてみましょう。

多数が意見を出し合うような場で、最初に意見を言うとき、

私から口火を切らせていただきます。

という切り出し方があります。「口火」とは火縄銃や爆薬の点火につかう火のことで、物事が起こるきっかけのことを指します。このように切り出したときは、「私がきっかけをつくりますから、皆さん活発に議論してくださいね」という意味になりま

口火を切る　立場
手元のデータ　あくまでも

す。それなりの議論が予想される場面でつかう言葉と心得ましょう。

若手が先輩をさしおいて意見を言わなければならない場面もあるでしょう。雰囲気にもよりますが、遠慮があるときはこんなふうに切り出してみるのもよいでしょう。

- **僭越ながら私の少ない経験からの意見を申し上げます。**
- **新人の立場から感じていることをお話ししてみたいと思います。**
- **経験の浅い私が理解した範囲での意見になりますが、**

立場を限定することで、ほかの視点からは違う意見があるかもしれないという意味を含ませて、ソフトな表現にすることができます。ほかにも、こんな言い方があります。

- **あくまでも現場から見た意見になりますが、**
- **営業の立場から言わせていただきますと、**
- **私の手元のデータからの判断になりますが、**

57

諸手を挙げて賛成です

議論が分かれているとき、誰かの発言に賛同するのも有効な意見表明の方法です。「今のご意見に」「山田さんのご意見に」と賛同する意見を特定してから、

- **諸手（もろて）を挙げて賛成です。**
- **全面的に賛成します。**
- **（を）推したいと思います。**
- **1票入れたいと思います。**

とつなげます。「諸手」とは、左右の手という意味で、両手を挙げて大賛成をして

いることを表します。「1票入れたい」は、緊張感のある場では不謹慎と思われる恐れがあるので、注意が必要です。

なお、上司や偉い人の意見に賛成するときは、対等な言い方では失礼になってしまう場合もあります。こんな表現もあります。

部長のおっしゃるとおりだと思います。

課長もご指摘されたように、私も……だと思います。

先輩のお話にいちいちうなずいて聞いておりました。

前出の意見に賛同する形で議論に参加し、さらに自分の意見を補ったり、少し違う意見を述べるのも上手な意見表明の方法です。

今のご意見に賛成です。さらに言いますと、

同感です。さらに付け加えますと、

基本的にはご指摘のとおりなのですが、

58 拙速な判断は避けねばなりません

議論をする場で意見や提案に反対するとき、「それには反対です」と言ってしまってもいいのですが、少しオブラートに包みたいときは、

それは難しいかと思います。

ちょっと厳しいですね。

できれば避けたい結論です。

と言ってみるのもよいでしょう。議論や先行きの見極めが必要と思われるときは、

首肯しがたい

時期尚早

慎重

拙速

- **拙速（せっそく）な判断は避けねばなりません。**
- **さらなる検討が必要と考えます。**
- **慎重に判断すべきかと考えます。**
- **時期尚早（しょうそう）ではないでしょうか。**

などの言い方があります。「拙速な判断」は、急ぎすぎて適切ではない判断をすること。「時期尚早」とは、時期がまだ早すぎるという意味です。

どうしても受け入れられないときは、もっとはっきり言わなくてはなりません。

- **納得しかねます。**
- **ここは譲れません。**
- **首肯（しゅこう）しがたい結論です。**

「賛成しかねます」「同意しかねます」とも言います。「首肯」とは、うなずくこと。

惜しむらくは

意見を述べるとき、上手につかいたいのが「切り分ける言葉」です。物事には複数の側面があり、単純には語れないことのほうが多いはずです。たとえば、よい面、悪い面、期待できる点、懸念される点、内側からの見え方、外側からの見え方などです。これらを切り分けて話すことで、問題を整理でき、説得力が増します。

たとえば、肯定的な話をした後で問題点を挙げるときの言葉。

- 惜しむらくは、
- 一点懸念があるとすれば、
- ……という点は課題と認識しております。

惜しむらくは　裏を返せば　翻って　裏腹に

「惜しむらくは」とは、惜しまれることとは、という意味で、「言葉は美しいが、惜しむらくは気持ちが伴っていない」のようにつかいます。「懸念」は心配されること、「課題」は課せられた問題、つまり解決すべきことを意味します。

話を別方向に展開させる言葉としては、

- 翻って
- その一方で
- ……とは裏腹に
- 裏を返せば

などがあります。「翻って」は、それとは反対に、他方で、といった意味（「翻ってわが社の現状を見るに」など）。「裏腹に」は、反対にという意味（「積極的な販売戦略とは裏腹に、売上は低下した」など）。「裏を返せば」は、逆から見ればという意味（「仕事は早いが、裏を返せば粗製濫造ということだ」など）。

60

単刀直入に申し上げますと

取引関係にある相手と条件や意見が合わないとき、目上の人の意見に反対しなければならないとき、どうすればよいのでしょう。

はっきり伝えるけれども、こちらの申し訳なさも添えたいときは、

申し上げにくいことではございますが、

失礼かと存じますが、あえて申し上げます。

失礼を承知で申し上げます。

決裂も覚悟で、はっきり伝えたいときは、

失礼を承知

再考　単刀直入　正直

単刀直入に申し上げますと、

正直申し上げて、

など。ただし、こういった言葉をつかうのは慎重に。特に大きな会議場などで相手に恥をかかせるのは問題をさらに困難にする恐れがあります。相手に無知や誤解があってもそれを指摘せず、「私の説明が十分ではなかったかもしれません」と引き受けて、ひたすら説明を重ねて理解をお願いするほうが、解決の近道になるでしょう。

「考え直してほしい」と言いたいときは、

今一度、ご検討いただけないでしょうか。

ご再考願えませんでしょうか。

ご再考くださいますようお願い致します。

など。3番目はメールなどでの書き言葉です。

ご一任ください

会議や打合せでの議論をまとめたり終わらせたりするときに必要になる言い回しについて考えてみましょう。

会議での結論を司会者が最後にまとめる場合は、「…の件については」「すべての案件について」などと切り出して、

- 進めるということでよろしいでしょうか。
- 皆様のご賛同をいただきました。
- このままでは進められないという結論になりました。
- コスト面でさらなる検討が必要ということになりました。

持ち越し　賛同
精査　一任

担当課で持ち帰り、精査することになりました。

結論は次回に持ち越しとさせていただきます。

などとまとめます。グループや個人に宿題が出た場合も、最後にリマインドすると親切です。「精査」とは、詳しく調べること、「持ち越し」とは、そのままにして次の段階・時期へ送ることです。詳細や具体的な進め方を議長や担当者に任せてほしいときは、「……については」と切り出し、

ご一任ください。

ご一任いただくということでよろしいでしょうか。

と了解をとります。

最後に、「皆様お疲れさまでした。とてもよい議論ができたと思います」「たくさんの貴重なご意見をありがとうございました」など、参加者をねぎらい、会議の成果にふれると、それぞれの満足感が高まるでしょう。

決意表明

62

このような大役を仰せつかり

仕事で何かの役職についたり、何かの役割についたりしたとき、その挨拶として何らかの決意表明をしなければならない場合は多いでしょう。

決意表明を切り出すときに、役職など新しい役割を大きなものだと感じていることを表現します。次のようなものがあります。

- このような大役を仰せつかり、
- 重要な任務を拝命し、
- このような重責を担うことになり、

大役　重責　拝命

身が引き締まる

「仰せつかる」「拝命する」は、「命じられる」の謙譲表現です。これらに、次のような覚悟の言葉を続けます。

身が引き締まる思いでございます。

たいへん緊張しております。

催しなどでの一時的な役割などの場合は、こんな表現もあります。

身に余るお役目を頂戴し、

このような機会をいただき、

これらには、続けて喜びや恐縮する気持ちを表すことも多いでしょう。

たいへん光栄に存じております。

たいへん恐縮しております。

訪問する
訪問を受ける
贈答のやりとり
話の輪への出入り
紹介する／される
電話の受け答え
人前で話す
飲食の席
詫びる
お断りする
招く／招かれる
議論する
決意表明
ほめる／ほめられる
祝う
お悔やみ
お見舞い
お願いする
確認
引き受ける
お礼

63

全力を尽くす所存でございます

着任の挨拶などでよくつかわれる決意の言葉は、

- 全力を尽くす所存でございます。
- 精一杯努力してまいりたいと思います。
- 誠心誠意職務に尽くす所存でございます。
- 日々精進してまいります。

「所存」とは思うところ、つまり思いのことです。これらの言葉の前に、次のようなフレーズをはさむと、重厚感が増します。

全力を尽くす　心機一転

精一杯　誠心誠意

- **ご期待にそえるよう**
- **心を新たにし**
- **初心に立ち返って**
- **決意も新たに**
- **心機一転**

ややクラシックですが、「全身全霊を捧げ職務を全う致します」「これを天命と心得、努力を惜しまず取り組んでまいります」なども。同じように重い表現として、

- **背水の陣で臨む覚悟でございます。**

があります。「背水の陣」は、これ以上後退できない決死の覚悟を表します。

これらは役職などにつく人のオフィシャルな挨拶になりますが、上司や先輩にちょっとした役割を頼まれたときは、あまり大げさにせず、「頑張ります！」「ありがとうございます。やらせていただきます！」などと素直に意欲を見せましょう。

決意表明

64

やむなきに至りました

ネガティブな決意表明をしなければならないときもあります。そんな場合は、関係者に残念さや心苦しさを伝えなくてはなりません。

中止のやむなきに至りました。

「中止というやむをえない事態になった」という意味です。「やむなき」は形容詞「やむなし」の連体形で「やむをえないこと」を表します。よくつかわれるフレーズです。

このたび……という苦渋の決断をせざるをえなくなりました。

も残念さを強調した表現です。

やむなきに至る　苦渋の決断　身を裂かれる思い　断腸の思い

決断に至る過程の苦しさを表現する言葉としては、

- **断腸の思いで**
- **身を裂かれる思いで**

などがあります。どちらも体を切り裂かれるほど辛い思いという意味です。これらに、「事業の中止を決断致しました」などの結論を続けます。同様に残念さを強調する言葉としては、ほかに、

- **やむなく**
- **やむをえず**
- **不本意ながら**
- **誠に残念ではありますが**

こういった表明には「私の力不足をお詫び申し上げます」などのお詫びを添えます。

65

非の打ちどころのない

完璧さをほめる言葉として、次のようなものがあります。なお、これらは事物や第三者の人物をほめるときにつかいます。面と向かって目上の相手に、その人柄や能力を評価するようなほめ言葉を言うのはかえって失礼になることがあります。

非の打ちどころのない
申し分のない

どちらも文句のつけようがない、完璧な、という意味です。完成品について言うときは「申し分のない仕上がりですね」と言ったりします。

申し分のない　抜きん出た
いまだかつてない　卓越した

他よりも優れていると言いたいときは、

群を抜いている
抜きん出た
比類のない
卓越した

など。「成績が群を抜いている」「抜きん出た成績」というようにつかいます。
「見たことがない」とほめる言葉には次のようなものがあります。

いまだかつてない
過去に例を見ない
先駆的な
独創的な
こんな……は見たことがありません！

懐の深い

人柄をほめる言葉について考えてみましょう。

いろいろあっても許して受け入れてくれるような、心が広い人のことを次のように言います。

- 懐(ふところ)の深い
- 器が大きい
- 寛容な
- 包容力がある

分け隔てのない　さばさばした
器が大きい　陰日向のない

正直で公正な人のことを「誠実な人」と言いますが、ほかにこんな言葉があります。

- **分け隔てのない**
- **裏表のない**
- **陰日向（かげひなた）のない**
- **竹を割ったような性格**

「分け隔てのない」は、人を差別しないで接することを言います。「裏表のない」「陰日向のない」は、隠し事のない正直な人柄のこと。「竹を割ったような」は、「性格」とセットでつかいます。まっすぐで曲がったことができない性格のことです。

似ていますが、性格がさっぱりとしていることを次のように言います。

- **清々（すがすが）しい**
- **さばさばした**
- **潔い**

67 右に出る者がいない

腕前や技術が優れていることは、次のように言います。

- ……の腕が立つ
- 腕利き（うでき）
- 凄腕（すごうで）

「腕」が絡む言葉は、多くがもともと職人の技術を評したものですが、「腕利きの投資家」「凄腕の起業家」など、勝負や交渉などがからむビジネスの手腕について言うことも多くなっています。

腕利き　非凡な　エキスパート　逸材

- その道のエキスパート
- 逸材（いつざい）
- 至宝（しほう）
- 右に出る者がいない

などは、その世界の特別な存在としてほめたたえる言葉です。「彼女は現代アート界の至宝です」「話術では社内で彼の右に出る者はいない」など。「右に出る者がいない」は、その人よりも優れた者がいないという意味です。

- 非凡な
- トップクラスの
- 並外れた

「非凡な才能」「トップクラスの技術」「並外れた判断力」のようにつかいます。

68 上品なお味

食事を誰かと一緒に食べるとき、ごちそうになるとき、「美味しいですね」のほかにも何か気のきいたほめ言葉を言いたいですね。たとえば、

- 上品なお味
- さっぱりしている
- お出汁(だし)の味が効いている
- 香りがいい
- 濃厚な味わい
- 絶妙な組み合せ

芳醇な香り　季節の香り

旬のお味　五臓六腑

脂がのっている

活きがいい

などなど。「さっぱりしていて美味しいですね」などとほめながらいただくと、ますます美味しく感じるものです。季節の食材が出てきたときは、

季節の香りがします。

旬のお味ですね。

など。飲み物については、主にお酒について次のような言い方があります。「五臓（ごぞう）六腑（ろっぷ）」とは体中の主要な臓器のことです。これらの言葉を食べ物につかう例もふえてきています。

五臓六腑にしみわたる

芳醇な香り

八面六臂のご活躍ですね

活躍している人、すごいなと思っている人と会ったとき、何か賛辞を贈りたいと思っても言葉が思い浮かばないことがありますね。こんな言い回しもできます。

- 八面六臂（はちめんろっぴ）のご活躍ですね。
- たいへんなご活躍ですね。
- お名前をあちこちで拝見しております。
- お噂はかねがね伺っております。
- お目にかかれて光栄です。

八面六臂　秀逸

かねがね　脱帽

「八面六臂」とは、多方面で力を発揮すること。阿修羅など三面六臂の仏像（3つの顔をもち6本の腕をもつ）のイメージが誇張されて「八面六臂」になったと言われています。「かねがね」とは、以前からという意味です。

誰もが知っている超有名人に対しては、「名前を見かける」「噂を聞いている」などと言うのは変なので、「お目にかかれて光栄です」のほうが自然でしょう。

逆に目下の人に対してはどうでしょう。後輩や部下には気をつかわなくていいので何とでも言えそうですが、照れくさくてほめにくいこともあります。こんな言葉なら言いやすいかもしれません。

- 頑張ったね。
- 秀逸だったよ。
- 脱帽しました。
- おかげで助けられました。
- なかなかやるじゃない。

70

身に余るお言葉をいただき

ほめられると照れくさくて、なんと答えたらいいか困る人もいるでしょう。一番簡単で素直なのは、

ありがとうございます。

のひと言。あえてそれ以上言わなくてもよい場合もあるでしょう。相手や場面によっては、次のようにかしこまって答えたほうがよいこともあります。

光栄です。

過分な　とんでもない
恐縮至極　もったいない

もったいないお言葉です。

身に余るお言葉をいただき、恐縮です。

過分なお言葉を賜り、恐縮至極に存じます。

など。2番目以降は、自分には過ぎたおほめだと謙遜する表現です。最後の表現は、書き言葉向きです。

これらを簡単に言うと、

とんでもございません。

お恥ずかしい限りです。

となります。「とんでもございません」は謙遜しすぎという批判を見かけたことがありますが、好みの問題です。文法的には「とんでもない」という1個の形容詞の「ない」の部分を「ございません」とする誤用から始まっていますが、文化庁の「敬語の指針」も、ほめ言葉を軽く打ち消す言葉として定着していることを認めています。

71 ご指導の賜物です

ほめられたときに返す言葉、第二弾です。
先輩や上司、先生にほめられたとき、周囲の協力があったときなどは、

ご指導の賜物（たまもの）です。
先生のおかげです。
皆様のご協力があればこそです。

と感謝の言葉で返します。
ほめられたことを喜びながらも、自分の未熟さを自覚したりさらに努力する姿勢を

足元にも及ばない

まだまだ　勘弁

見せたいときは、こんな言葉も。

まだまだです。

（○○さんの）足元にも及びません。

そう言っていただけると元気が出ます。

冗談を言い合うような関係、あるいは宴会の席などでほめられたときなどは、こちらも明るく冗談まじりで返してもいいでしょう。

何も出ませんよ。

これは「ほめてくれてもお返しをあげたりしませんよ」という意味で、ほめ言葉を軽く流すときによくつかわれます。

勘弁してください。

先輩や上司などがほめ言葉を重ねてきたときに、素直に照れる答え方です。

72

心からお祝い申し上げます

結婚、出産、入学、卒業、受賞、記念日などなど、さまざまなお祝いを言う機会があります。「おめでとう！」「よかったね」を礼儀正しく言う表現としては、

おめでとうございます。
心からお祝い申し上げます。

などが基本になります。たとえば、「ご結婚おめでとうございます」「無事のご出産、心からお祝い申し上げます」のように言います。

また、手紙や電報などでは、このような基本のお祝いの言葉に、温かい応援の言葉、

前途を祝す　晴れの門出　末永い幸せ

縁起のいい言葉などを添えるのが習慣になっています。

結婚祝いでは、

- お二人の前途を祝し、末長いご多幸を心よりお祈り申し上げます。
- お二人の晴れの門出を心から祝福申し上げます。
- 温かく楽しい家庭を築いてください。
- 末永いお幸せをお祈りしております。
- いつまでも笑顔のたえない二人でいてください。

など。古い男女の役割分担にとらわれない言葉を考えたいところです。

なお、結婚のお祝いの手紙やスピーチでは、「去る」「別れる」「終わる」「切れる」など別れを連想する言葉などを忌み言葉と言い、つかってはいけないことになっています。繰り返しの言葉「いろいろ」「かさねがさね」「ますます」などもよくないとされていますが、結婚式には幅広い年齢の人たちが参加するので、気をつけたほうがよいでしょう。

祝う

73

より一層のご活躍を祈念致します

取引先の担当者、上司や同僚の栄転や昇進にあたって、手紙やメールでお祝いの言葉を送る機会は少なくありません。切り出し方としては、

このたびは、ご栄転おめでとうございます。

営業部長にご昇進された由（よし）、誠におめでとうございます。

などの言い方があります。このような祝辞に添えて、

より一層のご活躍を祈念致します。

新天地　ご健勝

- ますますのご活躍とご健勝をお祈り申し上げます。
- ますますご多忙になられることと存じますが、ご健康にも十分ご留意ください。
- なにとぞご自愛の上、ご活躍されますことをお祈り致します。

など、今後の活躍や健康について書くのが通例になっています。「健勝」とは、健康で健やかなことを指します。「ご健勝を祈る」と書いてさらに「お体にお気をつけください」などと書くと、意味が重複するので注意します。また、「ご活躍を期待します」は目上の人につかうのは少し気が引けます。「ご活躍をお祈りします」「祈念します」などであれば、縁起をかつぐ儀礼的な用語になるので失礼はありません。

仕事ぶりを知っている相手には、祝辞に続けて、次のようにふれるのもよいでしょう。

- これまでのご功績の賜物と拝察致します。
- 新しい部署でも早速手腕を発揮されることと拝察致します。
- 新天地でも本領を発揮されることでしょう。

祝う

74

ご出産おめでとうございます

上司や同僚、取引先の担当者などに子どもが生まれて、ひと言お祝いを言いたいとき、どんな言葉があるでしょう。

- **無事のご出産おめでとうございます。**
- **赤ちゃんのご誕生、おめでとうございます。**
- **待ちに待った赤ちゃんのご誕生、心よりお祝い申し上げます。**
- **無事のご出産に、ほっとされたことと思います。**

など。母親に対しては産後の回復を促します。

健やかな　無事
順調　すくすく

- まずは、ゆっくり休んで、回復に努められてください。
- 無理をせず、お身体を十分に休ませてください。

赤ちゃんが生まれた喜びに共感する言葉としては、

- 母子ともに順調とお聞きして、安心しました。
- 喜びでいっぱいのお二人の様子が目に浮かびます。
- 小さな愛らしい家族がふえて、喜びもひとしおのことと思います。

健やかな成長を祈る言葉や、相手によっては応援の言葉を添えてもよいでしょう。

- お子様の健やかな成長とご家族のますますのお幸せをお祈りしております。
- 赤ちゃんがすくすくと元気に成長されますように！
- 初めての子育て、二人で力を合わせて楽しんでください。

お悔やみ

75

このたびはご愁傷さまでございます

家族を失った人に言葉をかけるのは、本当に苦しいものです。たとえば、上司や同僚、仕事関係者から突然訃報を伝えられたら、なんと言えばよいのでしょう。

電話で第一報を聞いたときは、こちらも狼狽してしまって当然ですので、きれいな言葉が出てこなくてもかまいません。「そうなんですか…」「お力落としされませんよう…」などと受け止め、仕事のことや社内への連絡を頼まれた場合は、必要事項をしっかり聞き取り、「承知しました。こちらのことはお任せください」「私から連絡しておきます」「ほかにも、できることはありませんか」など、相手の負担が減るように働きます。お悔やみは改めて通夜や葬儀で、と考えます。

通夜や葬儀の受付では、

ご愁傷さま　無念
お力落とし　ご冥福

このたびはご愁傷さまでございます。

心からお悔やみ申し上げます。

お寂(さび)しゅうございます。

などと言いますが、言葉にしきれなければ「このたびは…」だけでもかまいません。通夜や葬儀で遺族と話す機会は限られていますが、話すことができた場合も、特別な関係でない限り長々と話し込むのはマナー違反になります。
状況に合わせて、右のお悔やみの言葉のほかに、こんな言葉も。

思いがけないことで、残念でなりません。

まだ信じられません。ご冥福をお祈り致します。

ご無念お察しするに余りありますが、どうぞお力落としのありませんよう…

ご家族の皆様のお悲しみを思うと、言葉もありません。

看病でお疲れのことと存じます。どうぞご自愛ください。

76

お悔やみ

お悲しみはいかばかりかとお察し申し上げます

通夜や葬儀に参列できなかったり、後で不幸を知らされたりしたとき、手紙やメールでお悔やみの言葉を送ることもあるでしょう。たとえば、

- （○○様の）ご逝去の報に驚いております。
- 突然の悲報に、言葉を失っております。
- 皆様のお悲しみはいかばかりかとお察し申し上げます。
- ご家族の皆様のご落胆はいかばかりかと拝察致します。

などの言葉に「謹んでお悔やみ申し上げます」「ご冥福をお祈り致します」などと

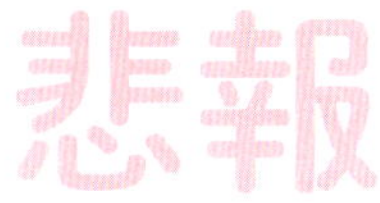

続けます。故人をよく知っている場合には、こんな言葉も。

あんなにお元気でいらしたのに、残念でなりません。

恩返しもできないままに逝ってしまわれて、悲しみでいっぱいです。

やさしい笑顔が目蓋に浮かび、寂しさばかりが募ります。

弔問などに行けないことを伝えるときは、

すぐにでも駆けつけてお悔やみを申し上げたいところですが、

すぐにでも弔問にお伺いしたいところですが、

「遠方のためかないません」「やむをえない事情でかないません」などと書きます。
亡くなってから少し時間がたっているときは、こんな言葉も。

寂しさが募るころかと存じますが、どうぞご自愛ください。

訪問する
訪問を受ける
贈答のやりとり
話の輪への出入り
紹介する／される
電話の受け答え
人前で話す
飲食の席
詫びる
お断りする
招く／招かれる
議論する
決意表明
ほめる／ほめられる
祝う
お悔やみ
お見舞い
お願いする
確認
引き受ける
お礼

お辛いですね

体調が悪い人が無理をしている様子のときは、いたわる言葉をかけましょう。面と向かって言葉をかけるとしたら、どんな言い方があるでしょう。

- 大丈夫ですか。
- どうぞ無理をされないでください。
- ご無理は禁物です。
- 少しお休みになってください。
- あとは私がやりますので、今日はお帰りになってください。
- どうぞお体をおいたわりください。

無理は禁物　大丈夫
お大事に　体をいたわる

など、思い切って強く促したほうが、相手も休みやすいでしょう。体調が悪化して帰宅することになった人には、

お大事にされてください。

と声をかけます。何か悲しいことがあって辛そうな人をなぐさめたいときは、

お辛いですね。

残念でしたね。

お気持ちお察し致します。

元気を出してくださいね。

何か私にできることはありませんか。

などなど。辛さに耐えて頑張っている人に「頑張ってください」と言うのはよくないとも言われます。その場の様子で、言葉を選ぶことが大切です。

お見舞い

78

心よりお見舞い申し上げます

入院中や療養中の人などに、手紙やメールでお見舞いの言葉を送る場合、どんな言い方があるでしょう。まず、知らせを受けたことについて、

- **入院されたとお聞きして、たいへん驚いております。**
- **おケガでご入院されたとのこと、心よりお見舞い申し上げます。**
- **軽傷とお聞きし、ほっと胸をなでおろしております。**
- **無事に手術を終えられたとお聞きし、安堵致しました。**

などと切り出します。さらに、相手の状況を思いやる言葉として、

養生　治療に専念
快癒　安堵

ご多忙な毎日でお疲れがたまっていたのではと案じております。
無理をされたのではないかと心配しております。
その後のお加減はいかがでしょうか。

など。お見舞い状のメインは、早い快復を祈る言葉です。

どうか治療に専念され、一日も早く快復されますようお祈り申し上げます。
どうか十分にご養生され、ご快癒（かいゆ）されますことをお祈り致します。
この際、ゆっくりとご静養され、完治されますようお願い致します。

後日お見舞いに行くつもりの場合は、次のように書きます。

落ち着きましたら病院へもお伺いしようと思いますが、取り急ぎ書中にてお見舞いまで申し上げます。

COLUMN

今さら聞けないカタカナ言葉

打合せや会議でよく聞くカタカナ言葉。わかっている顔をして聞いているけれど、実は正確な意味を知らないということはありませんか。勘違いしてつかって思わぬ恥をかかないように、整理しておきましょう。

アジェンダ〔agenda〕　議題、協議事項。特に、会議の議事次第の意味でつかわれることが多くなっています。

例：明日の会議のアジェンダはまとまっているの？

コンセプト〔concept〕　概念、発想、考え。特に、作品、企画、広告などで「中心となっている考え方」という意味でつかわれることが多くなっています。

例：この企画のコンセプトは何ですか？

コンプライアンス〔compliance〕　法令遵守。法令・社内規定を守る企業としての倫理の意味でつかわれることが多くなっています。業務で違法なことが行われないよう体制づくりをすることを「コンプライアンスを高める」などと言います。

例：こんな事件を起こすとは、この会社のコンプライアンスは一体どうなっているんだ。

サマリー〔summary〕　要約、概要。主に、長い文章や大きなデータの要点だけを抜き出して全体を把握しやすくしたものを指します。合計という意味もあり、エクセルの関数のＳＵＭはこの言葉の略です。また、検索サイトの検索結果にページの冒頭の数行が書き出されますが、その部分のこともサマリーと呼びます。

例：長すぎるから、最初にサマリーで見せたらどうかな。

スキーム〔scheme〕　計画、案。主に、枠組みを伴う計画、計画を伴う枠組みという意味でつかわれます。「計画」をあえて「スキーム」と言うことで、継続的な実行の手順などが含まれていることを強調したりします。なお、アメリカ英語では「陰謀」という意味でもつかわれるので注意。

例：事業のスキームをつくりこむ必要がある。

デフォルト【default】　初期値、債務不履行。一般的にはパソコン用語として「初期設定」（ユーザーが変更を加えていない最初の設定）の意味でつかわれていますが、最近は「基本」「定番」という意味で応用されるようになっています。金融業界では、「債務不履行」の意味になります。

例：この製品は白がデフォルトで、今年、赤も発売されました。

リスクヘッジ【risk hedge】　危険回避。もともとは金融業界の用語ですが、今は一般的に危険を予測して回避策をとることを言います。

例：異常気象による不作へのリスクヘッジとして産地の分散を行った。

リソース【resource】　資源。ビジネス用語としては、事業を実行する場合に必要になる人、モノ、金などを指す場合が多くなっています。人員だけを意味することもあります。ＩＴ用語としては、ＣＰＵやメモリが必要とする性能や部品など、複数の意味でつかわれています。

例：プロジェクトのリソースを確保する必要があります。

第3章

仕事を進めるとき

一度ご相談させていただきたく

面識のない人に初めてお願いごとをするときの定番フレーズがこれ。お願いしたい内容をひととおり説明してから、日時を提示したり、相手の都合を聞いたりします。

一度ご相談させていただきたく、お時間を頂戴できれば幸いです。

お目にかかって一度ご相談させていただきたいと思っております。

面識のある相手に打合せを申し入れる場合は、

一度、打合せをお願いしてもよろしいでしょうか。

折り入って　一度　つかぬこと　お目にかかる

詳細を詰めたいと思いますので、打合せをお願いしたいのですが。

お目にかかって詳しくご説明したいと思いますが、ご都合はいかがでしょうか。

など。メールでも電話でも同様につかえます。

重たい相談やお願いごとである場合は、次のように切り出します。

折り入ってご相談がありまして、

実はつかぬことでご相談がありまして、

実は困っていることがありまして、

これらのフレーズに「メールを差し上げております」「お電話を致しました」などとつなげ、具体的な相談に入ったり、会う約束をしたりします。「ありまして」を「ございまして」にするとていねい度が上がります。なお、「つかぬこと」は「前と関連のないこと」という意味で、意外な内容、唐突な相談であるときにつかいます。

お願いする

80

なにとぞお力添えを

相手に協力してもらいたいということを、上品に表現したいときにつかえるのが「お力添え」という言葉です。文字どおり、相手に力を添えてもらう、助けてもらうという意味で、お願いごとを書いたメールや手紙の最後に言葉を重ねたいときにもよくつかわれます。たとえば、

なにとぞお力添えを賜りますようお願い申し上げます。
お力添えをいただけましたら、誠に幸甚に存じます。

これらは、手紙やメールなど文章でつかう場合の書き方ですが、口語でも、次のよ

お力添え　ご支援　お助け　ご助力

うに言うことができます。

- ここはなんとか、鈴木さんのお力添えをいただきたいのですが。
- どうかお力添えをお願い致します。

「お力添え」の類似表現はたくさんあります。

- なにとぞご協力のほど、よろしくお願い致します。
- ご支援を賜りますよう、お願い申し上げます。
- 貴社のご助力をいただけましたら、誠にありがたく存じます。
- 未熟なチームですので、どうかお助けください。
- どうか私どもにお力をお貸しください。

これらはどれも、相手の力を大きなものととらえ、敬意を表しながら協力を要請する表現で、お願いごとに書き添える言葉として便利です。

お願いする

81

ご承諾いただきたく

話し言葉で「お受けいただけませんか？」とお願いする場面で、書き言葉では、

ご承諾いただきたく、お願い申し上げます。

お聞き入れいただきたく、お願い申し上げます。

などの言い回しをよくつかいます。「承諾」は頼みや申し入れなどを聞き入れることで、お願いごとを受けてもらいたいときに幅広くつかえるていねいな表現です。

ご承認くださいますよう、お願い申し上げます。

お聞き入れ　ご承認　ご了承　ご承諾

も同様にていねいな表現ですが、こちら側が提示したものを認めてほしいという意味合いになり、相手側にその権限があるときなどにつかいます。

ご了承のほど、お願い申し上げます。

も似ていますが、ニュアンスが違います。「了承」は理解して承知するという意味です。「内容が変更になる場合がありますので、あらかじめご了承ください」というように、何か相手にとって不本意なことになる可能性がある場合に適しています。

ご理解のほど、お願い申し上げます。

これも、相手に不本意なことや無理なことを了解してもらいたいときによくつかう言い回しで、普通のお願いごとには不向きです。

ご賢察（けんさつ）のほど、お願い申し上げます。

「賢察」は賢く察するということで、やはり相手の理解を求める表現です。お断りの文面などによくつかいます。

82

幸いに存じます

メールや手紙でお願いをするとき、どうしても「お願い致します」「お願い申し上げます」などのフレーズが連続してしまいがちです。そこを上手に避けられるのが、

幸いに存じます。

という言い回しです。「幸いに存じます」は「そうしてもらえたら幸せです」という意味で、一歩引いたソフトなお願いになります。「お引き受けいただけましたら誠に幸いに存じます」「5月20日までにご回答いただけましたら幸いに存じます」などのようにつかいます。「幸いでございます」「幸いです」とも言います。

この上ない　本望
幸い　幸甚

訪問する
訪問を受ける
贈答のやりとり
話の輪への出入り
紹介する／される
電話の受け答え
人前で話す
飲食の席
詫びる
お断りする
招く／招かれる
議論する
決意表明
ほめる／ほめられる
祝う
お悔やみ
お見舞い
お願いする
確認
引き受ける
お礼

誠に幸甚（こうじん）に存じます。

この上ない幸せでございます。

本望と存じます。

「幸甚」は「甚（はなは）だしく幸せ」という意味で、「誠に幸い」と意味としては同じですが、格式ばって書きたいときに向いています。「この上ない幸せ」は「最高に幸せ」という意味で、少し大げさな表現。

「先生にご講演をいただけましたら、この上ない幸せでございます」は、スケジュールが空いていそうもない講師に講演を打診する場合などにつかえます。「この上なく幸せに存じます」とも言います。「本望と存じます」はさらに格式ばった言い方。

ありがたく存じます。

これもお願いフレーズとしてつかいやすい表現です。「早急にご対応いただけましたら、ありがたく存じます」など。語感としては「幸いでございます」よりもカジュアルです。

83

ぶしつけなお願いで

少し厚かましいかなと思うお願いをするとき、次のような言い回しがあります。

ぶしつけなお願いで、申し訳ありません。

「ぶしつけ」とは、しつけができていないこと、無作法なことをいいます。お願いの内容が立ち入ったものだったり、突然だったりするときに添えます。「ぶしつけなことをお尋ねしますが」は、唐突に立ち入ったことを聞くときにつかうフレーズです。

ご無理をお願いして、申し訳ありません。

お忙しいのは重々(じゅうじゅう)承知の上でお願い致します。

ぶしつけ　薄謝

重々承知　厚かましい

ご多忙のこととは存じますが、なにとぞご検討いただきたくお願い申し上げます。

などは、忙しい人などに無理なお願いをするときの言い回しです。「お願い申し上げます」は通常は書き言葉としてつかいます。話し言葉なら「お願いしたいのですが…」などの言い方にします。

厚かましいお願いで、恐縮です。

勝手なお願いで、申し訳ありません。

急なお願いになってしまい、申し訳ありません。

薄謝でたいへん申し訳ないのですが、

このようなお願いは失礼かと思いましたが、

など、相手に何か無理をさせたり、失礼になってしまうかもしれないお願いをする場合には、お詫びの言葉を添えます。

お願いする

84 平にお願い申し上げます

相手に頭を下げてお願いしたい気持ちを表す表現として、

平(ひら)にお願い申し上げます。

伏してお願い申し上げます。

切(せつ)にお願い申し上げます。

などがあります。「平に」とは、平身低頭して懇願するような気持ちを表していて、「平にお許しください」「平にお詫び申し上げます」などともつかいます。「伏して」も同様の意味で、お詫びにもつかいます。「切に」は切実に願っている気持ちを表し、

伏して 切に 平に(ひら) くれぐれも

「ご成功を切にお祈りしております」などともつかいます。
お願いする気持ちを強調する表現としては、

くれぐれもよろしくお願い致します。

どうぞよろしくお願い致します。

なにとぞよろしくお願い申し上げます。

など。どうしても聞き入れてもらいたいという必死のお願いをするなら、

ぜひともご賛同いただきたく、

なんとしてもご承諾をいただきたく、

どうしてもお許しをいただきたく、

などに「お願い致します」「お願いのご連絡を差し上げました」「お願いのお電話なのですが…」とつなげてもよいでしょう。「なんとか」も同様につかえます。

お手すきのときに

急ぎではないお願いごと、相手に無理をさせたくないお願いごとのときは、

お手すきのときに、
お時間のあるときで結構ですので、
急ぎませんので、

などの言葉を添えます。ただし、そう言われると多忙な人は「やらなくてもいい」と思って忘れてしまうこともあります。もしも期限があるなら、たとえば「今月いっぱいで結構ですので、お時間のあるときにご返送ください」などと伝えます。

お時間が許せば

急ぎませんので

お手すきのときに

相手に余計な手間をかけさせてしまうようなお願いごとの場合にもこれらの言葉を添えますが、本当は早くしてほしいときは、それなりの困り感を伝えたほうがよいでしょう。たとえば、「昨日の打合せでいただいた価格表をうっかり机上に忘れてしまいました。来週の会議で必要になりますので、お手すきのときにメールでお送りいただければと思っております。お手数をおかけしてしまい申し訳ありません」など。「お手すきのときに」を「お手すきのときにでも」と言うとさらにソフトな表現になります。たとえば、「こちらのサイトで関連グッズもご案内しておりますので、お手すきのときにでも、ぜひご覧になってください」というようなつかい方です。

お時間が許せば、

ご都合が合いましたら、

これらは、「お時間が許せば、ご一緒にいかがですか？」「ご都合が合いましたら、ぜひご参加ください」など、相手を誘うときによくつかう表現です（139ページ参照）。仕事関連では「お暇でしたら」というと失礼な感じになるので気をつけます。

確認

86

ご査収ください

書類のやりとりなどで、送り状（メール、郵送）によくつかわれるのが、

ご査収ください。
ご確認ください。
お確かめください。

など。「査収」とは、調べて受け取ることで、「ご査収ください」は、送ったものの内容が間違っていないか確認してくださいという意味になります。たとえば、「ご請求書をお送りしますので、ご査収ください」など。なお、受け取った側が「請求書査

お目通し　精査　ご査収　吟味

収致しました」というのは、「あなたの書類に間違いがないか調べました」という意味になり、失礼になります。

ページ数がある書類や資料、本などを送るときには、

お目通しください。

などをよくつかいます。「目を通す」は、ひととおりざっと見るという意味。もともと「お目通しください」は、「ざっとで結構ですので、読んでください」という遠慮がちな表現でしたが、今は内容を確認してほしいときにもつかわれています。

ご検討ください。
吟味をお願いします。
精査をお願い致します。

などは、相手に内容をじっくり読んでもらい、修正もしてもらいたいときなどにつかいます。たとえば、「表現も含め吟味していただけますと助かります」など。

確認

87

ご一読ください

「お目通しください」の類語とされるのが、

ご一読ください。

です。同様にひととおりざっと読むという意味ですが、適不適の判断をお願いする場合にはあまりつかいません。たとえば「こちらの利用規約をご一読の上、お申込みください」といったつかわれ方が多いでしょう。また、著作物を薦めるときなどにも「ぜひご一読ください」と言います。「一読に値する」とは、読む価値があるという意味で、やはり著作物を薦めるときにつかう表現です。

単純に「見てください」をていねいに言いたいときは、

ご一読

ご高評

ご覧ください。

自分の書いたものなどを見てほしいときに、相手を高めていう表現として、

ご高覧ください。

があります。たとえば「ぜひともご高覧賜りたく、拙著をお送り致します」と書きます。拙著とは、自分の著作物をへりくだって言う言葉です。

ご高評を賜りたく、

「高評」は、高い評価という意味もありますが、ここでは、評価する人を敬って、高いところからの評価という意味でつかわれています。主に書き言葉で、「ご高覧の上、ご高評を賜りたくお願い申し上げます」などとつかいます。

ちなみに、「好評」は評判がいいことで、「好評を得る」などとつかいます。「講評」は、よいところや問題のあるところを理由を挙げて批評するという意味で、「テストの結果を講評する」などと言います。つかい間違いに気をつける必要があります。

88

確認

念のため確認します

やりとりの最終段階で決めたことを確認したいときは、

念のため確認します。

と告げて、相手の発注内容や打合せ事項を復唱したり、箇条書きにしたりします。

「念のため確認させていただきます」「念のためご確認をお願いします」とも言います。

このとき、「ご確認」の「ご」は相手に向ける動作につける丁寧語の「ご」です。

ひとつご確認です。

一点確認させてください。

などは、話の途中で確認したいことが出てきたときに、切り出す言葉です。

- **よろしいでしょうか。**
- **ご了承いただけますでしょうか。**
- **ご異存はございませんか。**
- **お間違いはございませんか。**

これらは、確認のあと、さらに念を押す言い方です。「ご了承いただけますでしょうか」は、「途中解約されてもご返金はできないのですが…」というように、何か制約があるときに了解を求める表現です。「ご異存はございませんか」も、利害関係が複雑な契約を結ぶ際などに契約内容について念を押す言い方です。最後の「お間違いはございませんか」については、自分の間違いに敬語の〈お〉をつけているから誤用としているサイトが目立ちますが、先方が記入した書類などを提示して「ご住所等お間違いはございませんか」と確認するのであれば正しい日本語です。

89

引き受ける

喜んでお引き受け致します

頼まれたことを大歓迎で引き受ける場合は、

喜んでお引き受け致します。

と言います。口頭では、「喜んで！」「はい。喜んで！」と返事したりします。

願ってもないお話です。

うれしいお話をありがとうございます。

やりたかった仕事、お誘いなどをもらったときは、このように素直に喜びを表現す

身に余る　光栄至極
喜んで　願ってもない

るのもよいでしょう。「願ってもない」とは、願っていてもなかなか実現しないようなことという意味です。もしも何か栄誉に浴するような依頼や打診であれば、

このようなお話をいただき、たいへん光栄です。

身に余る光栄です。

光栄至極（こうえいしごく）に存じます。

などと返したりします。「光栄至極」とは、この上なく光栄だという意味ですが、堅い日本語なので、それなりの場面でないと大げさすぎるかもしれません。

上司や先輩からやりたかった仕事を任されたときなどは、

頑張ります！

なんでもやります。

と素直に意欲をアピールしたいところです。

引き受ける

90

私でお役に立つようでしたら

相手に協力を求められたり、自分から協力を申し出るときの表現として、

- **私でお役に立つようでしたら**
- **微力ではありますが**
- **微力ながら**

などがあります。これらは、自分の力を卑下しながら相手のために働きたいという意思を表明する言葉です。これに、次のようなフレーズをつなげてつかいます。

微力　お手伝いする　お力になる　お役に立つ

ご協力させていただきます。

お手伝いをさせていただきたいと思います。

できる限りお力になりたいと思います。

なんなりとお申し付けください。

「ご～させていただきます」という表現を嫌う人もいますが、この場合、「よろしければ、させてもらいます」というような、相手の許諾を得て行う意味合いがあるので間違いではありません。

また、相手に協力することを「お力になる」と言いますが（相手の力になるということ）、「お力添えする」とは言いません。「お力添え」は相手から助けてもらったときなどに、その支援・協力に敬意を表してつかう言葉です。

相手に遠慮しないで頼ってほしいときには、次のような言い回しがあります。

お気軽にご相談ください。

遠慮なくおっしゃってください。

お礼

91

拝受致しました

仕事では、何かを送ってもらったお礼を言うことが多いですね。普通に「資料をお送りいただき、ありがとうございました」でもかまいませんが、

拝受致しました。

とすると、よりていねいさが増します。「拝受」とは、おがんで受け取るということで、相手への敬意をより強く表しています。「資料を拝受致しました。誠にありがとうございました」という具合につかいます。

受領致しました。

拝受　お手数　早速　受領

は、主に金品等を受け取った場合の表現です。

事務的なやりとりの場合、お礼の部分は「ありがとうございました」で十分ですが、そのあとにもうひと言足すと、感謝の気持ちを強く表すことができます。たとえば、次のようなフレーズに「（たいへん）助かりました」とつないだ文を続けます。

早速お送りいただきまして、

ていねいなご返信をいただきまして、

ご多忙のところ、すぐにご対応いただきまして、

相手が手間をかけてくれたことがわかるときは、

お手数をおかけしました。

よい知らせのメールを受け取ったときは、次のように書き添えてもよいでしょう。

うれしく拝見致しました。

92

お礼

ご快諾をいただきまして

こちらの頼みごとを受け入れてもらったときのお礼の切り出し方としては、

- **ご快諾をいただきまして、**
- **快くお引き受けくださいまして、**
- **無理なお願いにもかかわらずお聞き入れくださいまして、**
- **お力添えをいただけるとのこと、**

などがあります。これらに「ありがとうございます」「心より御礼申し上げます」などをつなげてお礼の言葉にします。

お聞き入れくださる　百人力

お引き受けくださる　ご快諾

「快諾」とは、快く承諾することです。また、3番目の文例の「無理なお願い」は「急なお願い」「身勝手なお願い」などに差し替えてもつかえます。

こういったお礼の言葉に加えて、引き受けてもらえたことを素直に喜ぶ表現を添えるのもよいでしょう。たとえば、

- **お話をお聞きできますことを楽しみにしております。**
- **たいへん心強く思っております。**
- **百人力と喜んでおります。**

など。「百人力」とは、100人分合わせた力という意味で、それほど強力な助けになるということ。主に、チームや組織に人材を迎えるときにつかう表現です。

聞き入れてもらって申し訳ないと恐縮する言葉を添える場合もあります。

- **ご無理をお願い致しまして、申し訳ございません。**
- **いつも頼りにさせていただき、心苦しく存じます。**

93

お礼

いつもお心づかいをいただき

贈り物をいただいたり、ごちそうになったり、何かの便宜を図ってもらったりしたとき、「お心づかい」という言葉をつかってお礼を言うとスマートです。

- **いつもお心づかいをいただき、**
- **過分なお心づかいをいただき、**
- **ごていねいなお心づかいをいただき、**
- **いつもお心にかけていただき、**

など。「お中元の品が届きました。いつもお心づかいをいただきまして、ありがと

おに心かけていただく　過分な

ご厚誼　おに心づかい

うございます」「情報交換会へのお誘いありがとうございます。いつもお心にかけていただき、感謝しております」のようにつかいます。このように、少し表現を変えてお礼の言葉を重ねるのも、上手なお礼の言い方です。

「過分な」は、身に余る扱いに感謝する表現。「お心づかい身にしみました」という言い方もあります。なお、贈答品へのお礼の表現は60ページでも取り上げています。

日頃よりご厚誼（こうぎ）を賜り厚く御礼申し上げます。

平素より格別のお引き立てを賜り、心より感謝申し上げます。

平素は格別のご高配にあずかり、心より御礼申し上げます。

などは、日頃の感謝を伝えるビジネス文書の定型表現です。「厚誼」は親しいつきあいのこと、「引き立て」は特に目をかけて登用したり取引をしたりすることです。「ご高配」とも言います。

お礼

94

お骨折りをいただきまして

自分のために特別な支援や仕事をしてくれた人へのお礼では、「……してくれて、ありがとうございます（感謝しております）」という表現になりますが、この「……してくれて」の部分を、端的に、ていねいに言うとすれば、次のような言葉になります。

お骨折りをいただきまして、

ご尽力（じんりょく）を賜りまして、

「骨折り」は、精を出して働くこと。お礼では、相手が自分のために力を尽くしてく

お骨折り　お力　ご支援　ご尽力

れたことを「お骨折り」と表現します。「就職に際しましては、たいへんなお骨折りをいただき、誠にありがとうございました」といった具合です。「ご尽力」も同様に相手が力を尽くしてくれたことを言います。これらに「ありがとうございます」をつなげます。「多大なるご尽力に心より感謝申し上げます」のようにもつかえます。個人の働きだけでなく、会社やグループの働きを指すことも多く、「皆様のご尽力により、ついに完成することができました」「この事業の成功はひとえに関係各社のご尽力の賜物であります」など、スピーチでもよくつかわれています。

- **お力添えをいただきまして、**
- **お力をいただきまして、**
- **ご協力を賜りまして、**
- **ご支援をいただきまして、**

相手がしてくれたことが大きすぎて簡単には言えないときこそ、これらの抽象的な表現をつかうことで、恩恵の大きさを矮小化することなく伝えることができます。

訪問する
訪問を受ける
贈答のやりとり
話の輪への出入り
紹介する／される
電話の受け答え
人前で話す
飲食の席
詫びる
お断りする
招く／招かれる
議論する
決意表明
ほめる／ほめられる
祝う
お悔やみ
お見舞い
お願いする
確認
引き受ける
お礼

お礼

95

おかげさまで

「お久しぶり。お元気ですか？」「おかげさまで」という会話をよく聞きますが、久しぶりに会った相手に「おかげさまで」というのは不思議です。そもそも「かげ（陰）」とは神仏など偉大なものの陰のことで、その庇護を受けることを表していたと言います。この場合は「みんなのおかげ」、つまり相手も含めた周囲や社会に支えられているという思いがこめられているのです。

おかげさまで

仕事の場面でも、同じようなつかわれ方がされています。たとえば、相手が直接その仕事にかかわっていなくても取引関係にあれば、「おかげさまで、売れ行きは好調

ひとえに　おかげさまで　おかげをもちまして　賜物

です」と言います。また、実際に力を貸してもらった場合も「おかげさまで、間に合わせることができました。ありがとうございました」と言います。

おかげをもちまして

「おかげをもちまして、当社も創立50周年を迎えることができました」など、「おかげさまで」を少しもったいぶって言いたいときにつかいます。

ひとえに……のおかげです。
……の賜物（たまもの）です。
……なくしては、ここまでくることはできませんでした。

「ひとえに」とは、ひたすら、すべてという意味です。「賜物」は、賜ったもの、結果として得たものという意味で、「今回の受賞は、みんなの努力の賜物です」のようにつかいます。「先生のご指導なくしては、ここまでくることはできませんでした」も、相手から受けた恩恵を強調するお礼の言葉です。

訪問する
訪問を受ける
贈答のやりとり
話の輪への出入り
紹介する／される
電話の受け答え
人前で話す
飲食の席
詫びる
お断りする
招く／招かれる
議論する
決意表明
ほめる／ほめられる
祝う
お悔やみ
お見舞い
お願いする
確認
引き受ける
お礼

お礼

96

なんとお礼を申し上げたらいいものやら

感謝を伝えたいとき、「ありがとうございます」「感謝しております」という言葉では言いつくせないと感じることがあります。そんなときは、少し目先の変わった感謝の言葉をつかってみてはどうでしょう。

なんとお礼を申し上げたらいいものやら、

「感謝の気持ちでいっぱいです」などとつなげます。言葉で言い表せないほど感謝の気持ちが募っているという意味です。

お礼の言葉も見つかりません。

お礼の言葉も見つからない

足を向けて寝られない
かたじけない

お礼の申し上げようもございません。

なども似た表現です。「山田さんがきてくださらなかったらどうなっていたかと思うと、お礼の言葉も見つかりません（ありません）」のようにつかいます。

足を向けて寝られません。

足を向けるような失礼なことはできないほど感謝しているということです。「高橋さんには足を向けて寝られません」のようにつかいます。

かたじけなく存じます。

恐縮しております。

「かたじけない」は古風な言葉ですが、おそれ多い、もったいない、ありがたいなどの意味があります。「かたじけなく存じます」は「恐縮しております」と似た意味になります。「ご親切にしていただき、かたじけなく存じます」など。

感謝の基本語まとめ

感謝の表現をいろいろ挙げてきましたが、その核として「ありがとうございます」「感謝申し上げます」などの基本の言葉が必要になります。そのバリエーションと強調語との組み合せは次のようになります。

強調語	本体
誠に たいへん 本当に	ありがとうございます。 ありがとうございました。
心より 心から 深く	感謝します。 感謝しております。 感謝申し上げます。 感謝致しております。
	深謝します。 深謝しております。 深謝致します。
厚く 心より	御礼申し上げます。

第4章

そのまま使える！季節感を表現する言い回し

冬の寒さから解放される喜び、年度末のあわただしさ、
咲く花の美しさなど、
春の季節感を挨拶や雑談に盛り込むフレーズを紹介しましょう。

- まだ春は遠いようです。
- 春一番でしょうか。今日は風が強いですね。

＊春一番：立春から春分の間（2〜3月）に、その年初めて吹く南よりの強風のこと。主に太平洋側で観測される。

- 暑さ寒さも彼岸までと言いますが、まだ肌寒さが残る今日このごろです。

＊彼岸：春分の日（3月21日ごろ）と秋分の日（9月23日ごろ）をそれぞれ中日とする7日間。

- ようやく寒さが緩み、春の気配が感じられるようです。
- コートを脱ぐと、心も軽くなります。
- 年度末が迫り、お忙しくお過ごしのことと存じます。

- うららかな春の日差しが心地よい季節となりました。
- 花のつぼみもふくらみ、春の訪れに心が躍ります。
- 前の公園では早くも桜が咲き始めました。
- あちらこちらで満開の桜が目を楽しませてくれます。
- 駅前の花壇で色とりどりのチューリップが咲きほころんでいました。
- 青葉がまぶしい季節となりました。
- 今日はさわやかな五月晴れですね。
- 薫風緑樹（くんぷうりょくじゅ）をわたる季節となりました。
- 八十八夜も過ぎ、行く春を惜しむころとなりました。

＊八十八夜：5月2日ごろ。立春から数えて88日目。

- 日中汗ばむ陽気に、初夏の訪れを感じます。
- 今日は夏のような陽気ですね。

梅雨の鬱陶(うっとう)しさ、
夏の暑さ、夏休みの楽しみなど、
夏の季節感を挨拶や雑談に盛り込むフレーズを紹介しましょう。

- 鬱陶(うっとう)しいお天気が続きますね。
- 梅雨寒(つゆざむ)の日が続きますが、お変わりありませんか。
  ＊梅雨寒：梅雨時にくる季節はずれの寒さ。
- 久しぶりの晴れ間にほっと一息ついています。
- 梅雨とは名ばかりの晴天が続きます。
- 夏至(げし)も近づき、まもなく梅雨明けかと心待ちにしています。
  ＊夏至：6月21日ごろ。北半球では、昼が最も長く、夜が最も短い日。
- 梅雨明けから日増しに暑さが募るようです。
- 夏空がまぶしい季節となってきました。

今日も猛暑ですね。

厳しい暑さが続いておりますが、お変わりありませんか。

昨年の冷夏とはうってかわり、酷暑が続きます。

夏休みはゆっくりされましたか。

暑中お見舞い申し上げます。

＊暑中見舞い：梅雨明けから立秋（8月7日ごろ）までに送る。

残暑お見舞い申し上げます。

＊残暑見舞い：立秋から8月末ごろまでに送る。

立秋とは名ばかりの暑さが続きます。

残暑厳しい折柄、いかがお過ごしでしょうか。

少しずつ朝夕がしのぎやすくなってきたようです。

ふと気づけば虫の声に秋の訪れが感じられる季節になってきました。

吹く風に心なしか秋の気配が感じられます。

暑さを脱して過ごしやすくなる日々、
秋晴れや紅葉の美しさなど、
秋の季節感を挨拶や雑談に盛り込むフレーズを紹介しましょう。

- ようやく秋の気配を感じられるようになってきました。
- いつの間にか残暑も去り、秋風が心地よい今日このごろです。
- 台風一過のさわやかな秋晴れになりました。
- 日増しに秋めいてくるようです。
- 秋の長雨が続いておりますが、お変わりありませんか。
- ふと見上げると、中秋（ちゅうしゅう）の名月がかかっていました。

  ＊中秋の名月：中秋は旧暦の8月15日、つまり現在の9月20日ごろに見える月。
- 天高く、馬肥ゆる秋。夏の疲れが癒されるようです。

  ＊天高く、馬肥ゆる秋：空が澄みわたり、馬も食欲が増して太る、秋の心地よさを表現した言葉。

今日はすがすがしい秋空にいわし雲が広がっています。
＊いわし雲：うろこ雲のこと。

日が短くなり、夕暮れ時が一層せわしく感じられます。

今日は冷たい秋雨が降りしきっています。

紅葉の便りに、秋の深まりを感じます。

秋空の下、近くの小学校の運動会がにぎやかです。

朝夕の冷気に、秋の終わりを感じます。

早くも立冬を迎え、だんだんに肌寒くなるようです。
＊立冬：11月7日ごろ。

うららかな小春日和（こはるびより）が続きますが、お元気でお過ごしでしょうか。
＊小春日和：初冬の、春に似た穏やかで暖かい日のこと。

いちょう並木が黄金色に色づいています。

訪問する
訪問を受ける
贈答のやりとり
話の輪への出入り
紹介する／される
電話の受け答え
人前で話す
飲食の席
詫びる
お断りする
招く／招かれる
議論する
決意表明
ほめる／ほめられる
祝う
お悔やみ
お見舞い
お願いする
確認
引き受ける
お見舞い

年末のあわただしさ、正月の晴れがましさ、厳しい寒さなど、冬の季節感を挨拶や雑談に盛り込むフレーズを紹介しましょう。

- 師走（しわす）に入り、ますますご多忙のことと存じます。
  ＊師走：12月のこと（旧暦の12月を言うが、今では新暦12月も意味する）。
- 暮れも押し迫り、お忙しくお過ごしのことと思います。
- 今年も残すところわずかとなってまいりました。
- めっきり寒くなりましたが、お変わりありませんでしょうか。
- 今日は冷えますね。
- 寒気厳しい日が続いております。
- 明けましておめでとうございます。
  ＊年賀状は1月7日までに出さなくてはならず、それを過ぎたら「寒中見舞い」にするという常識がだいたい定着

しているが、関西では松の内は1月15日までということもあり、これも厳密ではない。

❁寒の入りを過ぎ、寒さも本番になってきました。

＊寒の入り：1月5日ごろ。

❁新年早々のご連絡で失礼を致します。

❁立春とは名ばかりで、寒い日が続きます。

＊立春：2月4日ごろ。

❁立春を過ぎ、春の訪れが待ち遠しい今日この頃です。

❁今日は心なしか寒さが緩んでいるようです。

❁寒さの中にも春の気配が感じられます。

❁水ぬるむ季節となり、おだやかな日差しに心が浮き立ちます。

❁梅のつぼみもほころび、春の足音が聞こえてきました。

季節の言葉のつかい方

和歌や俳句などの季語が象徴的ですが、日本では伝統的に季節を言葉に表現することが大切にされてきました。手紙文にもその伝統があり、冒頭の挨拶のところに季節の言葉を織り込むことが長らく習慣になっていました。今、仕事の手紙やメールなどでは、季節の言葉は省略しますが、ときにはちょっとした季節の言葉をはさむことで、味わいのある手紙・メールにすることもできます。

手紙文での季節の言葉

ビジネス文書でも以前はよく「早春の候」「晩秋の候」などの時候の言葉が入れられていましたが、今ではいつでもつかえる「時下」（近頃、目下という意味）という言葉に置き換えられています。ビジネス文書でもフォーマルな挨拶状などには、今でも季節の言葉が織り込まれています。

ビジネス文書の例

時下、ますますご清栄のこととお喜び申し上げます。（季節感なし）
初秋の候、貴社におかれましてはますますご発展のことと大慶に存じます。
新緑のみぎり、ますますご清祥の段、お喜び申し上げます。

プライベートな手紙では、今でも冒頭に季節感のある挨拶を書く習慣があります。

プライベートな手紙の例

寒い日が続きますが、お変わりありませんでしょうか。
向暑の候、いかがお過ごしでしょうか。

メールでの季節の言葉

ビジネスメールの場合は、簡略が第一であり、基本的に季節の言葉は不要です。とはいえ、よくやりとりする相手などに親近感をこめたいときは、天候や季節の風物についてふれると、ぐっとあたたかいメールになります。

ビジネスメールの例

いつもお世話になっております。（季節感なし）
今日は一段と冷え込んでいますが、風邪など召されていないでしょうか。
皇居の桜が満開になっています。
今日は猛暑がやわらぎ、ほっとしているところです。

プライベートなメールやチャットでは、もっと崩してもよいでしょう。

プライベートなメールやチャットの場合

寒いですねえ。
暑くて溶けてしまいそうです。
秋の夜長にメールを書いています。

第5章

つかえる敬語一覧

これだけはおさえておきたい！

話したり書いたりするとき、
特に敬語のつかい方が難しいと
感じる人が多いようです。５章には、
「敬語にしたら、どうなるんだっけ？」
「何かていねいな言い方があったはずだが」
と思うときに参考にできる一覧をまとめます。

敬　称

鈴木様

山田殿
（公用文でよくつかわれてきた。今は「様」がふえている）

営業部長殿
（名前がわからないとき）

本田課長
（名前に役職名がつくと敬称になる。ただし、宛名として書く場合は、「課長　本田太郎様」と書く）

山本先生
（教員、医師、弁護士、講師、議員などの敬称）

委員各位
（「各位」だけで敬称なので、これに「様」はつけない。ただし、「お取引先様各位」は一般化している）

販売課御中
（部署名につける敬称）

名 詞

	相手を敬う名詞	自分を謙遜する名詞
相手・自分	○○様	私(わたくし)
	＊「貴方(あなた)」は、かつては敬語だったが、現在では目上の人への呼びかけとしては失礼になってしまうので、名前で呼びかけるなどに変える。	
	貴方様	小職 ＊官職にある人が自分を謙遜して言う
	貴殿(きでん)	
相手・自分(複数)	皆様	私ども
	ご一同様	一同
団体	貴社	当社
	御社(おんしゃ) ＊主に話し言葉で	弊社(へいしゃ) ＊当社よりもへりくだった表現
	貴店	当店
		弊店
	貴会	当会
家族	お父様、ご尊父様	父
	お母様、ご尊父様	母
	ご主人、旦那様	夫、主人
	奥様、ご令室	妻、家内
	お連れ合い	連れ合い
	お子様、お子さん	子ども
	息子さん、ご子息	息子、愚息
	お嬢さん、ご令嬢	娘

→夫・妻のことを指す「ご主人」「奥様」「主人」「家内」などは、家父長制の時代（男性が一家の長とされた時代）の名残ですが、特に「ご主人」「奥様」は他に新しい表現がなく、つかわざるをえない状況です。

敬称

	相手を敬う名詞	自分を謙遜する名詞
家	お宅	拙宅
	ご自宅	自宅
	貴宅	小宅
	貴邸	
	ご邸宅	
意見	お考え	愚考
	ご意見	愚見・私見
	ご高見 *ご高見を賜り…	所存 *努力してまいる所存でございます
	ご高説	
	ご見解	所感 *私の所感を述べますと…
	貴意	拙意
著作物	ご著書	拙著
	ご高著	
原稿	玉稿(ぎょっこう)	拙稿

動　詞

	尊敬語	謙譲語
する	なさる	致す
行く・来る	いらっしゃる	参る
	おいでになる	うかがう
	お越しになる	参上する
	お見えになる	
	見える	
見る	ご覧になる	拝見する
	見られる	
見せる	お見せになる	ご覧に入れる
		お目にかける
聞く	お聞きになる	拝聴する
	聞かれる	承る
		伺う
言う	おっしゃる	申す
	おおせになる	申し上げる

動　詞

	尊敬語	謙譲語
食べる	召し上がる	いただく
	お食べになる	
与える	くださる	差し上げる
	お与えになる	お贈りする
	賜(たまわ)る	
受け取る	お受け取りになる	いただく
	お納めになる	拝受する
		賜(たまわ)る
		授かる
借りる	お借りになる	拝借する
考える	お考えになる	存ずる
	思(おぼ)し召す	
察する	お察しになる	拝察する
知る	お知りになる	存じ上げる
	知っておられる	承知する

ていねいな言い方
かしこまった言い方

普通の言い方	ていねい・ かしこまった言い方
ここ	こちら
あそこ	あちら
そこ	そちら
どこ	どちら
どっち	どちら
この人	こちらの方
あの人	あの方、あちらの方、先方 *「先方」は、自分が交渉や話し合いをしている第三者を指す
そんなに	それほどまでに
あんなに	あれほど
今日	本日
明日（あす）	明日（みょうにち）
明後日（あさって）	明後日（みょうごにち）
今回	このたび
あとで	後ほど
今	ただ今

ていねいな言い方 かしこまった言い方

普通の言い方	ていねい・かしこまった言い方
今すぐ	至急
……したらすぐ	……次第 ＊戻り次第、終わり次第
さっき	さきほど、今ほど
前に	以前に
少し	少々、少しばかり、わずかに
どうしたら	どのように致しましたら
こうしては	このようにされては
そうします	そのように致します
よかったら	よろしければ
よいですか	よろしいでしょうか
なぜなら	と申しますのは
といっても	と申しましても
そこで	つきましては
しかし	しかしながら

［著者］
中川路 亜紀（なかかわじ・あき）
1956年神戸市生まれ。早稲田大学第一文学部卒業。出版社勤務を経て、コミュニケーション・ファクトリーを設立。著書に『気のきいた短いメールが書ける本』（11刷8万部）、『気のきいた手紙が書ける本』（8刷2.65万部）、『ビジネス文書の書き方』（5刷1.5万部）、『新版・これでカンペキ! 誰でも書けるビジネス文書』（3刷・旧版6刷）、『そのまま使える! ビジネスマナー・文書』（すべてダイヤモンド社）、『入社1年目から差がつく! ビジネスメール即効お役立ち表現』（集英社）などがある。

気のきいたモノの言い方ができる本
――どんな場面でも使える！「大人の言葉づかい」大全

2018年12月12日　第1刷発行

著　者――中川路亜紀
発行所――ダイヤモンド社
〒150-8409　東京都渋谷区神宮前6-12-17
http://www.diamond.co.jp/
電話／03･5778･7232（編集）　03･5778･7240（販売）
装丁――小口翔平+岩永香穂（tobufune）
本文デザイン-清水真理子（TYPEFACE）
校正――鷗来堂
製作進行　ダイヤモンド・グラフィック社
印刷――加藤文明社
製本――宮本製本所
編集担当――山下覚

ISBN 978-4-478-10567-2